自分に還《かえ》る

50代の暮らしと仕事

石川理恵
取材・文

PHP研究所

はじめに

社会に出てからというもの
悩みながらも前へ前へと突き進んできた。

仕事をする私、妻になった私、親になった私。
手にした役割に自分なりに向き合って
たくさんの時間を費やしてきたけれど
キャリアのピークも子育てのピークも
そろそろ一段落のタームに入りつつある。

50代に入り、再び自分の時間を持てるようになった時
しばらく封印していた自分の「素」のようなものが
むくむくと顔を出してきた。

役割から離れた素の私は
依然として同じことが好きだったり
変わらない苦手を抱えていたり。
その声に耳を澄ますのは
ずいぶんと懐かしくて心地がいい。

人生のど真ん中に差しかかって
何かを手に入れたくてのぼっていた坂道は
すでに折り返している。
もしかしてここから先の人生は
本来の自分に還《かえ》っていけばいいのかも——。

この本では、そんな50代の「今」を切り取ってみたいと
6人の女性を取材した。

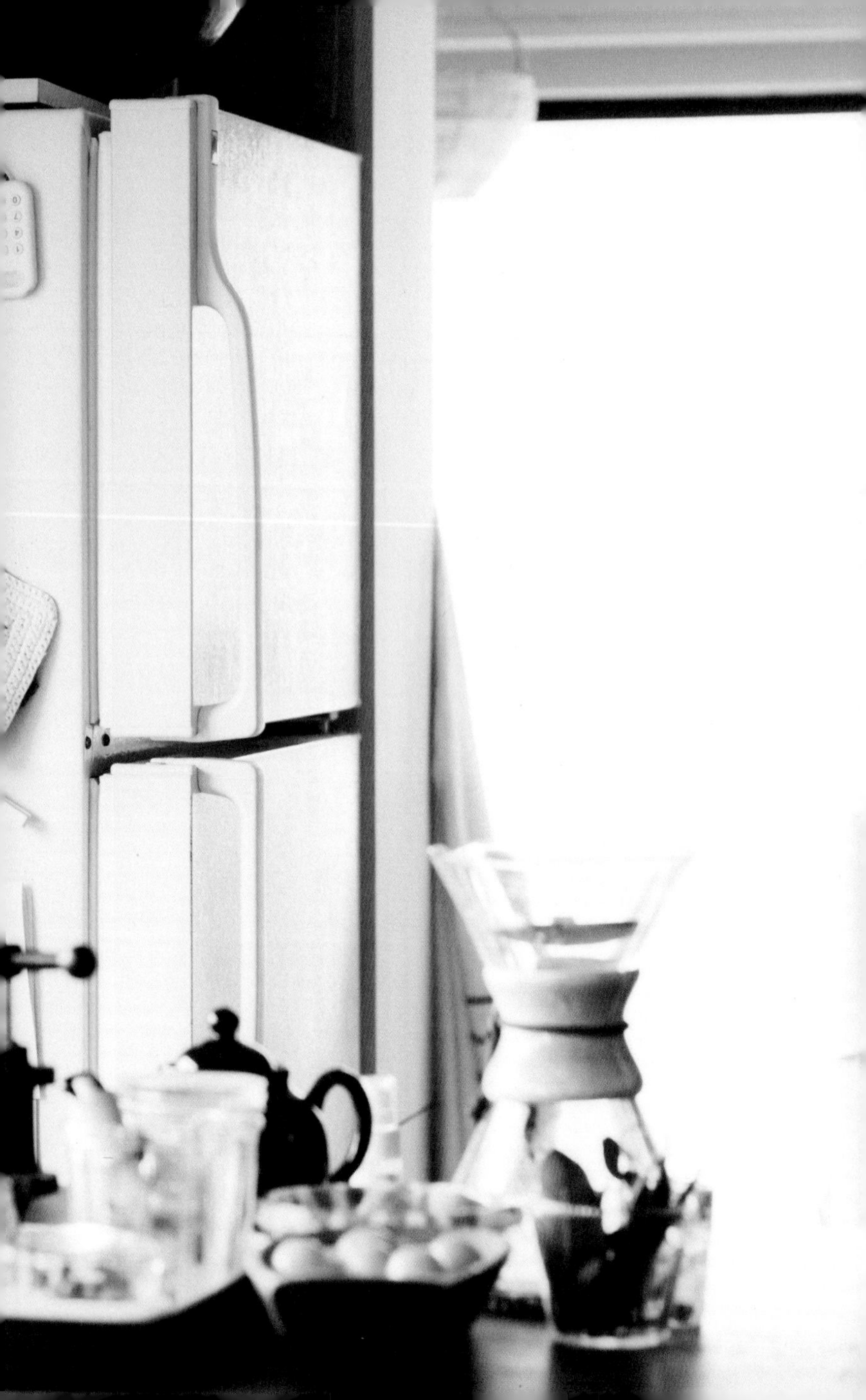

今の私がいるのは、
過去の私のおかげ

モデル・俳優

菜木のり子

1967年東京都生まれ。ティーンズ雑誌のモデルなどを経て、俳優に。ドラマや映画、数々のCMに出演する。30代の終わりから子育てと家事が中心の暮らしを送ったのち、現在は心理学を学びながら感性にまつわるワークショップを開くなど仕事の幅を広げている。WEBマガジン『クウネル・サロン』のプレミアムメンバーとして、おしゃれや本について発信中。
Instagram @nagi_norico

私の人生、このままでいいのだろうか？

菜木《なぎ》のり子さんは、仕事以外でほとんどメイクをしない。素顔に薬用リップを塗り、サッと眉を描いてマスカラをのせたほぼすっぴんの自撮り写真を、インスタグラムにもアップしている。目尻に笑い皺が寄って、頬がゆるゆるとたるむその表情には年齢がしかと現れており、自分自身を丸ごと受け止めているような、ふっきれ感が伝わってくる。

そう水を向けたところ、菜木さんから返ってきたのは意外な答えだった。少し前まで、自分のことを大切にできずにいた、というのだ。

「50歳になるちょっと前に、なんだか胸がザワザワしていたんです。歳をとるのが怖いわけじゃないけれど、私の人生、このままでいいのかなって思いがどこかにあったのでしょうね。そのうちに更年期とストレスが重なったのか、体調を崩してしまって」

病院で、問診票を書くことになった。疲れていますか、眠れない日はありますか……など、すべての項目の「いいえ」にチェックを入れたが、受診の結果、医者からは「たいへんな数値です」といわれる。甲状腺の不調だった。

「これくらいの疲れはふつうだと思っていたんです。でも、そうじゃなかった。いわれてみれば、病院に行くまでの駅の階段ものぼれなかったし、舌がむくんでろれつがまわらなくなっていました。それなのに、自分の体がたいへんだってことにすら、気づかなかったなんて。私はその頃、子育てと家庭が中心の毎日を送っていましたが、結果としてそれが自分をないがしろにすることにつながっていた。これはいけないと思い、あえて自分に向き合う時間をつくりはじめたのがここ数年のことです」

いろんな本を読んだり、講座に出たりするなかで、自分を好きじゃなかったことにも気がついてしまった。心の癖をたどっていくと、その根っこは幼少期までさかのぼる。

自分の中と外が一致していなかった

「私は三姉妹の真ん中に生まれて、ひとつ上の姉がとても活発な子どもだったんです。お勉強もできて学級委員にも選ばれるような姉に対し、私といえばひょろりとして空想が好き、お勉強は嫌い、学校でもいじめられがち。姉の真似をして、元気で明るくしようとしても、人気者にはなれなくて。それなのに姉と同じ習い事にも通わされていたから、姉を超えられないって思いがつねにありました。ただ、物心つく前からおしゃれに

ふだんはほぼすっぴん。前髪はピンでとめたり、リボンできゅっと結んだり。

は興味があった。学校が嫌いだったので、今日はあのブラウスにあのスカートを着ていこうとか、服を着ることが学校へ行くためのモチベーションでした。姉のおさがりが多くても、姉は服に無頓着だったから、姉に取られる前にお気に入りの服を洗濯物からこっそり抜いて、自分の引き出しにしまうとか（笑）。そんなことばかりしていました」

姉の後ろでじくじくとしていた菜木さんが、自分だけの道へ踏みだしたのは14歳の時。趣味のつながりで知り合った年上の女性から「モデルになったら？」といわれたのをきっかけに、「大好きなお洋服が着られる仕事があるなんて！」と大手のモデル事務所へ応募。晴れて合格し、その後、当時大人気だったティーンズ雑誌の専属モデルとなった。撮影現場は放課後の部活動のようにたのしく、高校を卒業したあとは「思い切り仕事がしたい」とモデル業を続け、やがて役者を志していった。数々のテレビＣＭに出演しながらも、菜木さんにはいつもなにかしらの葛藤がつきまとっていたと振り返る。

「私が専属モデルをしていたのは正統派の雑誌だったし、ＣＭも好感度を求められる性質があります。そんな仕事を任されることもうれしいけれど、もっとファッショナブルで個性豊かなこともしてみたいと、ずっと思っていたんですよね。とくに20代の頃は浮き沈みが激しかった。役者になりたくて事務所を辞めてフリーになり、オーディションを受けながら、とある監督さんの事務所で電話番のアルバイトをしていました。そこには素敵な大人の出入りが多く、音楽、映画などのカルチャーからファッションの話題まで、たくさん聞かせてもらえたんです。何をやってもたのしいし、知りたいことが次々に出てきて、それらを吸収しながら映画館に足を運んだり、本を読んだり、とても豊かな時間を過ごしていました。一方で、役者のオーディションでは落とされるたび自分に『ダメ』を突きつけられているようでした。ドラマに呼ばれるとしても事務員Aなどの名前もない役どころ。撮影現場で容赦なく物のように扱われていたのがすごく辛かった。私のなかにだっていろんな可能性があるはずなのに！って、納得いかない気持ちを抱えていました。

今振り返ってみると、自分が一致していなかったんですよね。本当の自分自身と、外に向けている自分が違っていたし、違うってことにさえ気づいていなかったと思います。姉の真似をしていれば生きていけると思っていた子ども時代とそう変わらないことを、無意識に繰り返していました。たとえば、他のモデルさん、役者さんとどう差をつけたらいいのか、とかね。自分がどうありたいかを目指すのではなく、何をすれば人と違うかってことを考えていた。いつでも何かに照らし合わせながら自分の振る舞いを決める

本を読むのが好き。服のタグとかキャンドルのラベルとか、
素敵すぎて捨てられない紙ものを本の栞に使う。

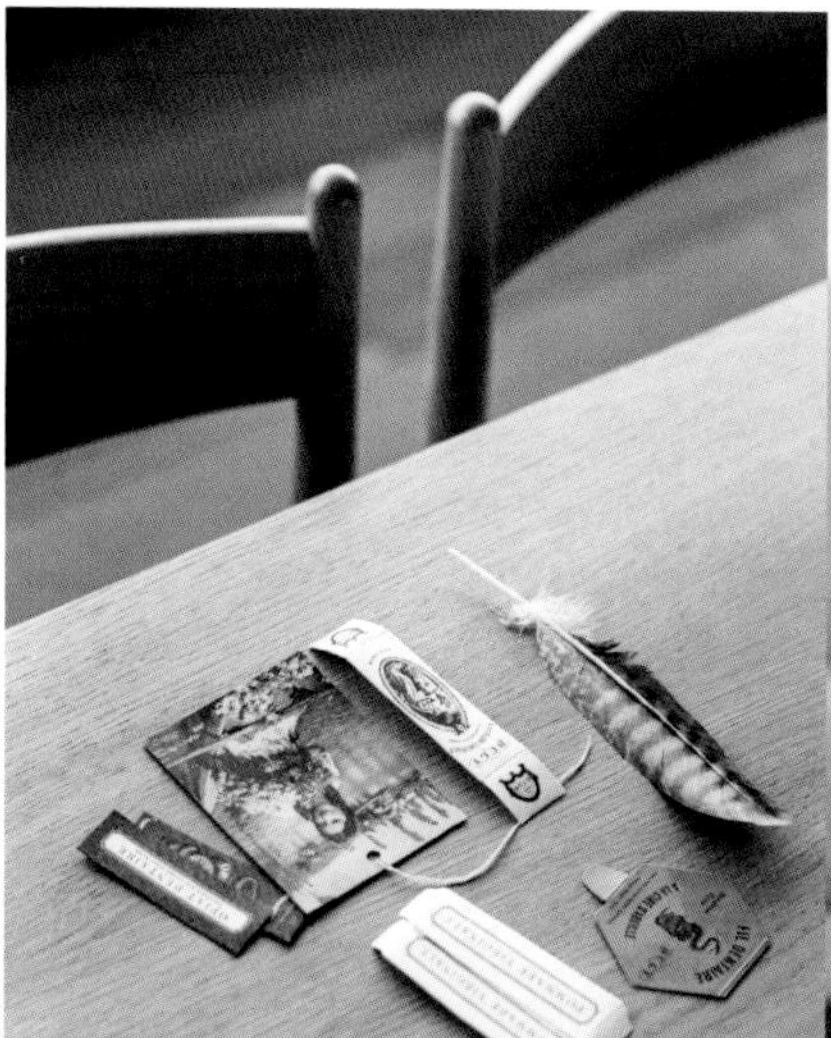

のが癖でした。オーディションの時にはたくさんの視線の前に立ち、自分を見せなくちゃいけません。軸がないのに無理矢理あるように見せていた私は、立っているのもグラグラで絵にならなかったと思います」

子育てを通して、嘘偽りをはがされる

葛藤の末、菜木さんは日本を離れフランスへ渡った。パリに暮らすなかでフランス女性の生き方やおしゃれに対する考えなどから影響を受けたことは、「今の私にバトンをつないでいる」と話す。その間に結婚をし、帰国後に長女を出産。ほどなくしてシングルマザーに。そこから約10年間は、生活のためにもたくさんの仕事に向き合った。ありがたいことに、フランスにいた頃も帰国してからもＣＭ出演の機会は絶えず、忙しいなかでも娘との暮らしをたのしんでいた。

30代の半ばを過ぎた頃、出会いが訪れ再婚。娘を連れての結婚だったこともあり、いい奥さん、いいお母さんになろうとした菜木さんは、新たな家庭をつくるために大好きな仕事をセーブした。息子が生まれてしばらくすると、次第に子育ての課題が降りかかっ

てくる。それは子どもを通じていながらも、結局は自分自身の課題だった。

「地域性もあったのか、息子の幼稚園のお母さんたちが品のいい方々ばかりだったんです。それで私も、そうなんだ、そういうふうにしていなくちゃいけないんだって、また本当の自分と違う仮面をかぶってしまったんですね。しかも私はコマーシャルに出て、いい奥さんの役柄を演じていたから、どうしてもそのイメージで見られてしまう。そこへきて、息子が自由な子どもだったんですよ。突拍子もないことをして人に頭を下げたり、人前で息子を怒らなくちゃいけないシーンもいっぱいあって、どうにかしなくちゃと焦るほど、私は息子とべったりの関係になってしまいました。そうなると、どんどん沼にはまっていくんですよね。彼に合う環境はないか、もっといい居場所があるのではと、小学校も何度か転校させたりしていました」

息子がフリースペースに通いはじめてから、菜木さんにも親同士の新しい交流が生まれた。そこで知り合ったお母さんの紹介で、環境教育を実践する松木正さんのワークショップに参加。菜木さんはわが子との距離のとり方を学び、息子は松木さんを師匠と慕うように。松木さんが主催するプログラムでは、サバイバルのレッスンに加えて、与えられた環境のなかで子どもが自分と向き合える時間をつくる。まずは自分を見つめて

お守りのように集めているものがある。

理解するからこそ、その先に相手を理解したい気持ちが生まれてくるのだという話は、菜木さんのなかにもストンと落ちた。

「息子を自由にさせておくと自分に火の粉が降りかかるから、私はついつい先に手を出していました。結局私は、彼が失敗する自由も奪っていたんです。子育てを通して、自分の嘘偽りをはがされていくような感覚でしたよね。私って、まだこんなにも人からの見られ方を気にしていたんだと、すごく気づかされました」

自分のことが大嫌いだったけれど

子育てはまだ終わりではないが、まずは自分の時間をつくる。仕事をしたい気持ちをガマンしない。そう決心したのは、冒頭にも書いた通りここ数年のことだ。

「ある時、ふと思ったんです。私は自分のことが大嫌いだったけれど、これまでの私が苦しんだり、のたうちまわったりしながらもがんばったからこそ、今の私がここにあるんだと、はじめて気がついたんですね。嫌いだったはずの昔の私が、いろんなことをやってきてくれた。だから50代になった私が、こんなふうにいられる。〝ちびのりこ〞はよくやったんだ。そう思ったら、すごく自分が愛おしくなってきて。あの仕事は嫌だとか、もっとこんなことがしたいとか、いろいろ葛藤しながらもいまだに仕事をしているってことは、過去の私が一個一個、やってきてくれたからであり、感謝しかない。だからこそ、なおさら自分を大事にしてあげないと、いったい何のために私だったんだろう？　そんな気がしてたまらなくなりました。理想を手放したっていうのとも、また違うんです。自分のなかのあちこちでバラバラにスタートしていたものが、ちょうど横一列に並んだような感覚。焦っていた自分、理想がものすごく高かった自分、何も手に入れられてないと愕然としている自分。そういうのがぜんぶまとめて自分なんだって、つじつまが合ってきた、のかなあ。

いざ仕事がしたいと思っても、すぐに働けるわけではありません。モデルもＣＭも選ばれることからはじまる仕事だから、オーディションに落とされるたびに『やっていけるのかな』と不安になります。でも、先のことを考えて不安になる人には、不安しか見えないんですよね。たとえ今回は落ちたとしても、次はどうなるかなんて、本当は誰にもわからないのに。コントロールできないことを気に病むぐらいなら、今日は空がきれいだったとか、卵焼きがうまく焼けたとか、身近な今にフォーカスしてハッピーな気持

コンバース、黒いワンピース、白いシャツ、デニム——。
好きで身につけているものはずっと変わらない。

ちでいたほうがいいと、自分にいい聞かせています。以前は苦しいことや辛いことが自分の表現の糧《かて》になる、と思っていたけれど、これだけ苦しんだからいい表現ができるなんて考えも、やめようと思いました。乗り越えたら次にたのしいことがあると思うと、また次に苦しいことを探してしまう。知らぬ間に自分のなかでそういうループをつくってしまうんですよ。まだまだ癖は抜けきれませんが、不安材料を探さないように、苦しみにひたらないように、日々訓練をしているところです」

小さなことでも表現をたのしみたい

菜木さんには、忘れられない仕事がある。20代の頃、テレビ史に残る演出家のドラマに出演した時のこと。現場の雰囲気に圧倒された菜木さんがまともに演技ができずにいると、演出家がマネージャーに「彼女には、このシーンでイメージする服を自分で選んで買ってきてもらって」といった。もともとの衣装では、彼のお宅へご挨拶に行くというシーンに合わせ、白いブラウスとスカートが用意されていたが、菜木さんは自分が着たいと思えるシンプルな紺色のワンピースを購入し、はずむような気持ちで撮影当日に挑んだ。テストが終わっていよいよ本番に入る時、その演出家はふらっと菜木さんの横にきて、「悲しくなったら泣いてしまってもいいよ」とだけいい、離れていったという。

「演出というより魔法のようでした。撮影がはじまると台詞がするする出てきて、自然と涙がこぼれたんです。役と自分が一緒になれた感覚でした」

自分に自信が持てず、何事にも惑いがちだったけれど、服選びにはいつも迷いがなかった。服を着ることは、菜木さんが子どもの頃から握りしめてきた表現の手段だ。

「この数年、あらためて仕事に向き合って、私はちゃんと自分の力で生きたかったんだとわかりました。もう若い頃ほど傷つきやすくはないから、人の様子をうかがわずに『私はこう思う』が出せるようになって。そうしたら、朗読をしてみないかとか、写真を撮ってコメントを書いてほしいとか、声をかけてくださる方が現れたんです。昔の私ならば『きっと無理』と思ってしまい、うまくいかないことが怖く断っていただろうけれど、ここ最近は、『やってみたいと思えるってことは、できる可能性がある』と、結果よりもやりたいと思っている自分の声を聞けるようになってきたんです。今はうまくできたかどうかより、この私がチャレンジしていることがうれしい。その先に何がつながっていくのかを、今はたのしみにしています」

日々の時間割り

5:30
起床
メールチェック
身支度

6:30
弁当・朝食づくり
朝食
送り出し

9:00
片づけ・掃除

9:30
仕事
書き物
散歩など

17:00
夕食の仕込み
入浴

18:00
呑みながら夕食の仕上げ

19:00
夕食
片づけ

21:00
自分の時間
読書など

23:00
就寝

50代までの足跡

10代　モデル事務所に所属し、モデルをはじめる
高校を卒業し、仕事に専念

20代　電話番のアルバイトをしながら役者を目指す
ライオン「アクロン」のCMに出演
フランスに渡る。一度目の結婚
長女を出産
シングルマザーに

30代　映画『夏時間の大人たち』主演
テレビドラマに出演するほか、
数々のCMに出演し、契約社数ランキングに
も名前があがる
再婚。家庭を優先する生活に
長男を出産

40代　年に数本はCMの仕事をする
子育てに試行錯誤の日々

50代　体調を崩す
仕事復帰を自分に宣言

手に負える範囲で暮らしたい

in-kyo店主・エッセイスト

長谷川　ちえ

1969年千葉県生まれ。結婚を機に東京から福島へ拠点を移し、現在は福島・三春町にて、器と生活道具の店「in-kyo（インキョ）」を営む。エッセイストとして季刊誌『七緒』（プレジデント社）や福島の情報誌『Mon mo』に寄稿するほか、著書『ものづきあい』（アノニマ・スタジオ）などを執筆。近著に素描家shunshunとの共著『三春タイムズ』（信陽堂）がある。
https://in-kyo.net

夫婦で見つけた小さな住まい

　福島県のほぼ真ん中にある三春町《みはるまち》。冬の寒さが長引くこの土地の山々には梅、桃、桜の花がいっせいに咲くことから、三つの春が同時に訪れる意味でその名が付いたと伝えられている。福島出身の夫との結婚を機に、長谷川ちえさんが三春へ移り住んだのは2016年のこと。しばしの団地住まいを経て、「あの家、いいなあ」といつも眺めていた古い平屋と縁がつながり、もれなくついてくる裏山とともに購入に至った。

「長年空き家だったし、古い建物なんだけれども、高台にぽつんとあるその佇まいに惹《ひ》かれてしまったんですよね。外観はいじらずに、家のなかは基礎もごっそりリフォームをして、断熱や耐震の対策をしました」

　玄関の引き戸をガラガラとあけると、靴箱の上には庭で咲いていた小菊が飾られている。部屋のなかは四角い箱のようなワンルームで、すぐに全体が見渡せた。薪ストーブがあり、窓際には読書にうってつけな椅子が置いてある。キッチンの前に大きなダイニングテーブルがあって、ここが暮らしの中心なのだろうと想像がついた。周囲の棚には、器や瓶詰めの保存食がオープン収納になっている。そのほかの大きな家具といえばベッドと本棚ぐらい。洋服はクローゼットのなかに収まっている。

キッチンに立つと窓から隣の敷地が見えた。「眺めをよくしたくて、あそこに花を植えたんです」と、ちえさんがたのしそうに指を差す。

「夫が住宅関係の仕事をしているので、住みながら手を加えて実験住宅のように暮らしています。壁ひとつ塗るにしても、このぐらいの空間が自分たちの手に負える範囲。広さはおそらく50平米ぐらいです。私たちは広いスペースがいらないから、これぐらいで十分。いずれ寝室とリビングを分けるつもりが、いざ住んでみたら快適だから、もう仕切らなくてもいいいねって。猫も走り回れるし、全体が見渡せて、把握ができて、掃除も片づけもラクなんですよ」

土にふれ、生き物と暮らす

猫を飼うのが夫婦の念願だったと話すちえさん。平屋に越してから、友人が保護した2匹の猫を譲り受けた。さんざん悩んで付けた名前は「スイ」と「モク」。友人から連絡があったのが水曜日、引き取りに行ったのが翌日の木曜日だったから、との理由だ。毎

日、毎日、気ままな猫たちのかわいらしさにメロメロになって、一緒にいられること、面倒をみることのうれしさをしみじみと味わっている。

一軒家ならではの敷地を活かし、家庭菜園もはじめた。最初の冬のうちに、雑草がなくなったタイミングで庭先の一部を耕しておき、春になってまずはじゃがいもを植えてみようと、知り合いの農家さんに種芋をゆずってもらえないかと相談したら……。

「そこのお父さんがわざわざ家まできて、土づくりから植え付けまで、すっかりやってくれたんです。おかげさまでおいしいじゃがいもが育ちました」

なるべく自然栽培で、その土地の伝統野菜を種から育ててみたい。そんな理想はあったものの、親切な農家のお父さんの「まずは育てやすい方法でやってみたら?」というアドバイスに納得し、はじめての夏野菜は手堅く苗から植えることに。雑草の合間に野菜が顔を出しているようなこぢんまりとした畑を、ちえさんは「一坪畑」と呼んでいる。

「最初に育てたのはトマト、ピーマン、なす、きゅうり、バジル、ズッキーニ。古来種のいんげんは、種を蒔いてみました。夏野菜はよく育つから、ちょっと面倒をみないときゅうりなんてたちまち大きくなって、ふたり暮らしには十分すぎる収穫量。たった一株の野菜を植えただけで、こんなにも豊かな気持ちになれるのかとびっくりします。冬に向かって植えたのは、紅大根、パクチー、ブロッコリー。それから『くきたち菜』という福島にきてはじめて食べた菜っ葉や、レタスも植えました。葉ものは意外と寒くなっても元気に育つものなんだと感心しています。キャベツは今のところ丸まってくれる気配がないんですけれど、思い通りにいかないものがあるっていうのも、おもしろいんです。猫もそう、いくら怒ったところで通用しないし、かわいいところがずるい（笑）。私は子どもがいないからなおさらそう思うのかもしれないけれど、生き物が与えてくれる喜びってすごいんだなあと、この歳で実感しました。育てることは生きることの根っこにあるのかもしれません」

ささやかながらも自然に身を委ねて暮らしたいと、ちえさんは思っている。たとえば散歩の途中で出合った景色をぼーっと眺める。ふいに届く野菜のお裾分けをおいしく食べきる。季節の移ろいや偶発的な出来事をキャッチできるかどうかは、気持ちに余裕があってこそだ。不慣れな畑仕事に向き合うことも、猫のやんちゃに振りまわされることも、自分がいっぱいいっぱいだと味わえなくなってしまうだろう。

だからちえさんは、手に余るものを抱えないように暮らしている。自分のやりたいことは、毎日の生活のなかにある。ぬか床をかきまわしたり、冬至にかぼちゃを煮たり、

毎日、毎日、猫はかわいい。一緒にいてくれてありがとう。

春を待ち遠しく思いながら庭に球根を植えたり。思えばそれは、かつて一緒に暮らしていた祖母が当たり前のようにしていたことばかりだった。

文章を書く仕事のはじまり

電気店を営む家庭に生まれたちえさんは、家業で忙しかった母に代わり祖母に世話を焼かれて育った。将来の夢は保母さんで、手芸や料理が好きな子どもだったという。進学の際には祖母から家庭科の先生をすすめられ、それもいいかもと短大の栄養学科へ進んだ。「あまり深く考えていなかったんですよね」と、学生時代を振り返るちえさん。卒業後は子ども服の販売員になり、人に恵まれてたのしく働き店長まで務めたが、大好きな先輩たちが辞めていくにつれ先の目標が見えなくなってしまう。

8年目に退職してスタイリストの学校へ通いはじめたあたりから、自分探しの迷路に入り込んだ。雑誌『オリーブ』を穴があくほど読み込んでいた雑貨好きのちえさんに、好きなことを仕事にしたい気持ちがこの頃から芽生えたといえよう。勉強したからといってスタイリストにはなれず、アシスタントにつきたくても当時29歳という年齢がネックで断られるという、苦い経験もした。

がっかりはしたものの、何かをしたい気持ちを手放すことなく、興味のあるワークショップへ通うように。美術作家の永井宏さんから文章を書くおもしろさを受けとって、植物や雑貨の世界では、プランツスタイリストの井出綾さん、インテリアスタイリストの小澤典代さんから大きな影響を受けた。憧れの方々に背中を押してもらえるような時間を過ごせたおかげで、ちえさんは素直に、自分の好きなことに没頭できるようになった。ワークショップで出会った友人たちもみな個性があって、わが道を行こうとする人ばかり。思いつくままに表現をしても、誰にも否定されない雰囲気が心地よかった。

ある時、切り貼りの手作業でコーヒーにまつわるミニブックを制作したところ、はじめての本づくりにつながる。ワークショップの生徒たちの面倒を何かとみていた小澤さんが、編集者を紹介してくれたのだ。

2002年、33歳の時に『おいしいコーヒーをいれるために』をメディアファクトリーより出版。コーヒーのプロが書いた専門的な内容ではなく、家庭でのコーヒーとの付き合い方であるところに、周囲の人はおもしろさを感じてくれたようだった。3年後には『器と暮らす』をアノニマ・スタジオより出版し、文章を書くことが仕事になった。どち

てつぞう
はね
日本の工芸
織
前衛漫画傑作集
横山泰三集
つげ義春初期短編集
魯山人著作集
美術論集
魯山人著作集
料理論集
魯山人著作集
のらくろ漫画全集
こけし事典
つげ義春作品集
THE WAY WE LIVE
たんぽぽのお酒

らもテーマは日常から生まれたものであり、その時に心動かされていた物事や、暮らしのひとこまが綴られている。

好きなことで食べていくために

思えばちえさんは、スタイリストの学校を卒業してからいつも二足のわらじを履いていた。広告代理店で働きながら休日はワークショップへ通ったり、文章を書きはじめてからも派遣の仕事で収入を確保したり。30代の半ばに離婚をし、文章を書き続けながらどうやって食べていこうかと考えていた時、いつか自分の店を持てたなら、店と書くことの二本柱で暮らしていけるかもしれないとの思いが浮かんでくる。どちらもそれ一本では難しいだろうけれど、好きなことふたつに力を注ぐ生き方ができないだろうか。

漠然としながらも、進む道や方法を模索していた時、初著書の編集者であり、当時アノニマ・スタジオの代表だった丹治史彦さんが「これから事務所を移転するのですが、その一角でお店をやりませんか？」と声を掛けてくれ、道が開けた。2007年、38歳のことである。ちえさんは貯金をはたき、東京・蔵前に構えた出版社の一角に暮らしまわりのセレクトショップをオープンする。台所の道具や作家ものの器をメインに、本、食品、日用品、衣料品など、「月日をともに過ごしたくなる」と思えるものが品揃えのコンセプトだ。店の名前は「ｉｎ－ｋｙｏ」と付けた。それは、祖母の暮らしに由来している。ちえさんはその頃、いちど離れた実家で再び暮らしていた。

「あらためて実家に住んだことで、懐かしい感覚を味わいました。祖母は生前、離れの建物で暮らしていて、わが家ではそこを『隠居』と呼んでいたんです。私は隠居を自分の荷物置き場にしていたし、離婚したあとの半年間はずっと家に引きこもっていたから、しょっちゅう隠居に行っては祖母が残したものを見つけて、そういえばおばあちゃんは梅干しを漬ける時に、家にあるレンゲで塩をはかっていたな……とか、暮らしぶりを思い出していました。子どもの頃はまったく意識もしていなかったけれど、あの世代の人たちはみな当たり前のように季節と向き合っていましたよね。私もそんなふうに地に足をつけて暮らせるようになったらいいなと、祖母への思いや今自分が好きなもののルーツ、大切にしたいことの象徴として、ｉｎ－ｋｙｏという名前を付けました」

縁をもらってよちよち歩きではじめたｉｎ－ｋｙｏは、月日が経つごとに育ち、責任も増していった。関わってくれる人たち、お客さん、作家さん、取引先に対して、ちゃ

 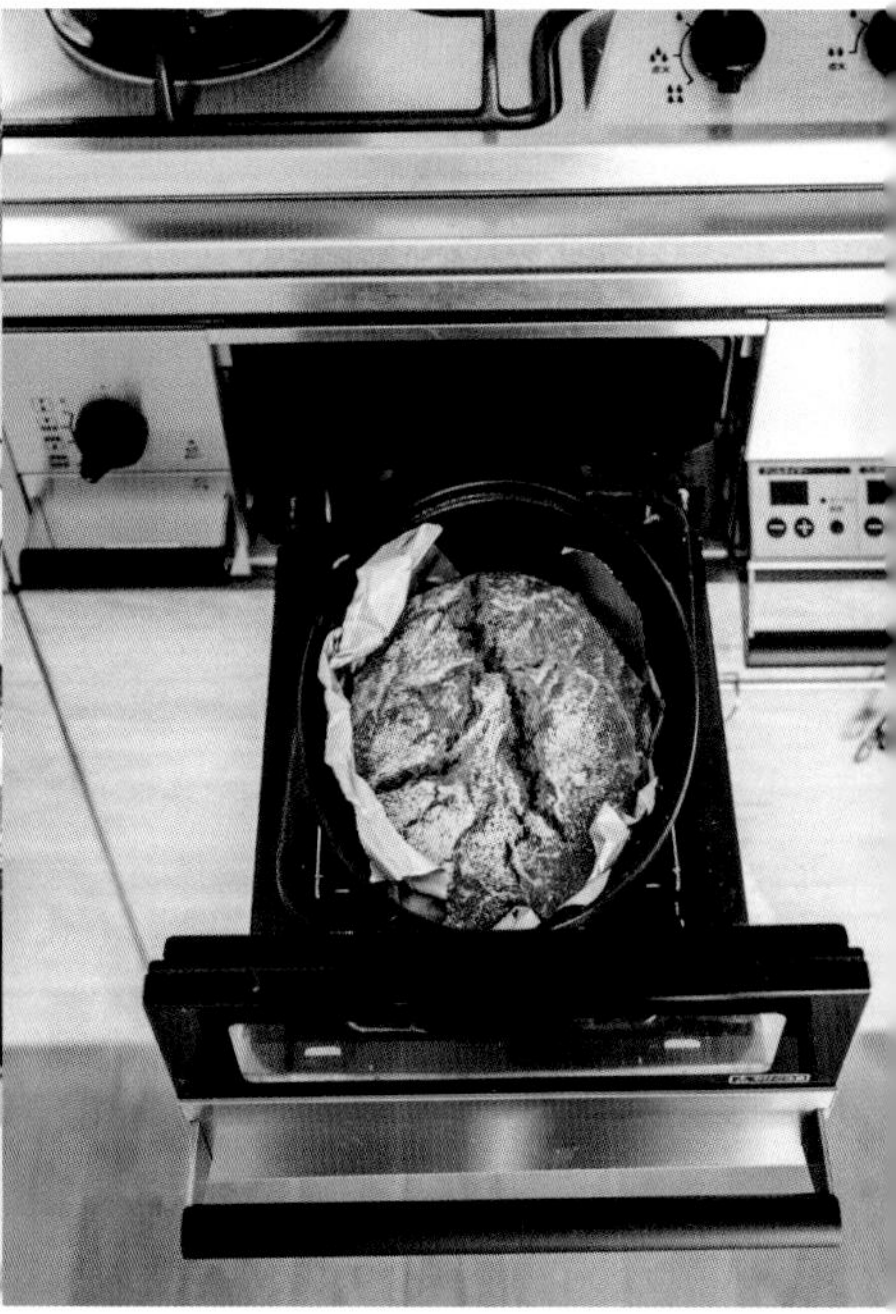

お店がないのでなるべく自分でつくる。
一種類でいいから、自分でパンを焼けるようになろうと思った。

んと店を続けることが恩返しだと思うようになったちえさん。オープンから5年が過ぎた頃、そろそろひとり立ちをしなくてはと出版社の一角から卒業し、数百メートル離れた場所にあらためて店舗を借りることに。

「初の融資も取りつけて、ドキドキでした。私にとって、人生いちばんのチャレンジはこの時かもしれません」

新店舗にはキッチンを設けて保健所の許可を取り、店先でコーヒーを提供できるようにした。買い物の合間に、一杯のコーヒーを飲みながらの他愛ない立ち話が、お客さんとの距離を少し縮めてくれる。蔵前の町はちえさんにとって、大好きな人たちがいっぱいいるホームタウンになった。福島への移転を決めてから、いろいろな方が惜しんでくれたことで、ちえさんのなかに「送り出してくれたみんなをがっかりさせないように」との誓いのような気持ちが生まれた。

今の毎日は、暮らしが7割、仕事が3割

現在、.in-kyoは三春町の商店街に店を構えている。蔵前を離れるのはさみしかっ

たけれど、いざ福島で新しいスタートを切ってからは環境の変化に慣れるのに必死で、ホームシックにかかる間もなかったそうだ。今年の春で6年目をむかえたと話すちえさんは、すっかり落ち着いた表情をしている。結婚はあくまでもきっかけにすぎず、実はその前から薄々と、今のままの生活は続けられないのでは……との思いがあった。

「自分の暮らしを見つめ直したいと、2011年の震災後からずっと感じていたんだと思います。東京はどうしたって家賃が高いし、街全体が速度感のあるペースだから、仕事中心の生活が当たり前でした。どちらがいい、悪いではなく、東京にいた頃はそれがたのしかったんですよ。とくに蔵前は数年のあいだに新しい店が増えて、町が変わっていくプロセスのまっただ中にいたことは刺激もあったし、何より大切な人たちとの出会いがありました。でも、暮らしにまつわるものを扱っているのに、自分の暮らしはどうなのだろう？　と、ちょっとした違和感を覚えるようにもなっていました。福島ではペースダウンさせて、とことん暮らしというものに向き合ってみたいと思ったのです」

とはいえ、店をひとりで切り盛りするために踏ん張っていた肩の力は、そう簡単には抜けない。三春に移転したばかりの頃は「営業時間が短くなるから、定休日は減らそう」となぜか張り切ってしまい、休みは週1日に設定した。東京時代でも週2日は休んでい

たのに、案の定、体調を崩してしまう。考え直して週休2日に戻したのち、いよいよ50代に入ってから週休3日に切り替えた。やりたいことを、やるためだ。

「文章を書く時間がなかなかとれていないことに、ハッとしたんです。東京から三春に引っ越してきて、ちょっとしたことにもいちいち感動している毎日を書きとめておきたかったし、長く住むにつれ感動も薄れるかもしれません。祖母がいなくなってから、あ、ちゃんと書いておけばよかったなと思うことがたくさんあったから、ささやかでも自分が大切だと感じることを言葉で残していきたいんです。本当は、週に3日も店を休むなんて後ろめたさがありましたが、お金に余裕が出たらとか、時間ができたらとか、先延ばしはもうやめようと。だんだん体力もなくなっていくなかで、何をやりたいかの優先順位を考えて人生のやりくりをしています。文章を書く仕事と両立ができるように、思い切ってシフトチェンジしたのがここ2年ほどのことです」

今のちえさんの毎日は、暮らしが7割、仕事が3割を目指している。まずは暮らしに重心を置いたうえで、仕事があるようにしたい。ちえさんにとって暮らしを大事にすることは、自分を大事にするのとイコールなのだろう。

「仕事が3割と思うと、そちらもおのずと濃くなります。これまで以上に、どんなふうに働きたいかを考えるようになりました。たとえば今はコロナ禍の影響で、企画展をしても予約制にして人数を制限せざるを得ませんでした。そうしたら思いのほか、時間ごとにどなたが何人くるかがわかって、お客さんに向き合いやすくなったんです。まるでサロンのようで、私にはそのほうが落ち着けました。不特定多数にたくさんの数を売るような仕事とは、対極のほうへ進んでみてもいいのかも。もちろん、作家さんが何カ月も何年もかけてつくられたものを預かることは大切に考えていますが、だからこそ、この場所で私にできるのは何かを、曖昧にはしたくないんです。三春にきてから、お店って、興味が広がるきっかけの場になるんだなあと、あらためて思えることがたくさんありました。ものを売るだけが入口じゃなくて、たとえばワークショップを経験して興味を持った先にものがつながるような、事柄からの入口を増やしたいと思っています」

三春の店先でも、ちえさんはコーヒーをいれている。最初は遠巻きに店をのぞき込んでいたおじさまが、コーヒーが飲めるとわかってから扉を開けてくれるようになり、だんだんと豆を買ったり、飲んでいるカップに興味を持ってくれたり。そんなふうにスイッチが入っていく瞬間に立ち会えることを、ちえさんはうれしく感じている。

食品衛生法第52号規定による営業の許可
喫茶店営業

お店ならばどこでもできる。
おばあちゃんになっても続けられたら、最高に幸せ。

どこにでも、きっとわかりあえる人はいる

環境が変わったとしても、その流れを前向きに受け止めながら、自分らしく折り合いをつけていけるように。地方にはおいしいものを買ったり食べたりする店も、ふらりと立ち寄れる場所も圧倒的に少ないが、そんなのは最初からわかっていたから、ないものを数えるのではなくあることに目を向けようと思った。ちえさんは三春にきて、「一種類でいいから、パンを焼けるようになろう」と、自分でも失敗しないパンのつくり方を見つけたそうだ。ちょっとの好奇心で視界がグンと広がった。

「今ね。こういう人になりたいと憧れている人生の先輩に、お習字を習っているんです。いろんなお仕事をされてきた、おしゃれでチャーミングな女性。お習字を教えながら畑もやっていて、自分で育てた野菜で一年の食生活をまかなっているそう。お料理もとても上手なんですよ。いちばん贅沢な暮らし方だと思うし、私にもこれから先、やれることがいっぱいあるなあと、夢を見させてもらっています」

2020年の春、緊急事態宣言が出て外出ができなかった際には、平屋の裏山で竹の子が採れることを発見し、掘りたてを庭先で焼いて食べたという。自分が持っている環

境のなかでわくわくできることが、まだまだあるのだと実感する出来事だった。

「この平屋を最初に見つけたのは、夫なんです。夫は取り壊しになる前の、祖母の隠居を知っているので、『隠居に似ている平屋がある!』と教えてくれました。見にきてみたら、サイズ感といい雰囲気といい本当に近いものがあって。ここで暮らしたいなあと、直感的に思ったんですよね」

平屋が終《つい》の棲家になるかもしれないし、また変化があるかもしれない。日本の規模ではどこに住んだとしても、いつ何が起こるかわからないとも思っている。でも、これまでの経験から「自分の軸さえしっかり持っていれば、どこにいても大丈夫」と、大らかに構えられるようにもなった。

「どこにいても、これおいしいよね、これたのしいよねってわかりあえる人は必ずいる気がするんです。人数が多いか少ないか、実は住んでいるのが近いか遠いかも問題ではなくて、大事なのは本質の部分。自分の好きなことを本気になってたのしんでいれば、きっと出会えるんじゃないかな」

だいたいのことは大丈夫。三春の里山の景色が、ちえさんの毎日を励ましてくれる。

日々の時間割り

6:30 起床
掃除機かけ、猫にごはん
朝食・弁当づくり

7:30 朝食

8:00 夫を送り出す、片づけ、洗濯
（夏は畑の手入れをちょっとする）

9:00 家を出る
徒歩15分で店に到着、準備

10:00 店を開ける

17:00 店を閉める
買い物

18:30 帰宅
猫にごはん
夕食の支度や弁当の仕込み

20:00 夕食

23:00 就寝

50代までの足跡

20代
短大の栄養学科を卒業
子ども服メーカーに就職し、販売を担当
店長まで務めて退職後、
専門学校のスタイリスト科を卒業
雑貨店でアルバイトをはじめる

30代
広告代理店に就職
ワークショップに通った縁で、
出版社へ企画を持ち込む
結婚を機に代理店を退社
派遣で販売職をしながら
初の著書『おいしいコーヒーをいれるために』
（メディアファクトリー）を出版

福島で行われたイベントに参加し、
あんざい果樹園との縁ができる
離婚し、実家に帰って引きこもり生活

東京は蔵前のアノニマ・スタジオ内に、
器と生活道具の店「in-kyo」をオープン

40代
「in-kyo」移転
現在のパートナーと出会う
結婚
福島は三春へ引っ越し、「in-kyo」も移転
古い平屋を購入し、
終の棲家として改修しながら暮らす

＼フィフティーズ！／

50s

世代を振り返る〈社会&カルチャー編〉

1982　映画『E.T.』公開

1983　ロカビリーショップ「ピンクドラゴン」が原宿にオープン

1984　伊丹十三監督『お葬式』公開
マドンナ『ライク・ア・ヴァージン』がヒット

1986　Run-D.M.C.が初来日
内田春菊『ヘンなくだもの』単行本出版
DCブランドブーム

1987　村上春樹『ノルウェイの森』がベストセラーに

1988　吉本ばなな『キッチン』がベストセラーに
アメカジ&渋カジファッションブーム

1989　岡崎京子『pink』単行本出版
テレビ番組「イカ天」によるバンドブーム

この本には、1964～70年生まれの50代が登場する。東京オリンピックや大阪万博といった高度経済成長のトピックスの中で幼少期を過ごし、日本がバブル景気の頃（86～90年）に社会に出た今の50代は、おもにバブル世代と呼ばれ、さまざまなブームを経験してきた。86年には男女雇用機会均等法が施行され、バリバリ働き、ガンガン遊ぶ、そんな風潮。しかし、仕事において女性はまだまだ「寿退社」が主流。就職情報誌のテレビCMでは「職業選択の自由～」との歌が流れていながらも、「家事や育児は女性がするもの」という価値観が圧倒的だったため、矛盾

1990　フリッパーズ・ギターがデビュー
映画『バグダッド・カフェ』『ニュー・シネマ・パラダイス』、シャルロット・ゲンズブール主演『なまいきシャルロット』などが公開
野宮真貴がピチカート・ファイヴのボーカルに
スパイク・リー監督『ドゥ・ザ・ライト・シング』公開

1991　ドラマ『ツイン・ピークス』がヒット

1992　グランジブーム
スーパーモデルブーム
ヴァネッサ・パラディ『ビー・マイ・ベイビー』がヒット

1994　小沢健二＋スチャダラパー『今夜はブギー・バック』リリース、渋谷系音楽全盛期に
タランティーノ監督『パルプ・フィクション』公開

1995　ガーリーフォトブーム

1998　WEBサイト『ほぼ日刊イトイ新聞』スタート

に苦しむことも多かった。また、93年からは就職氷河期に入るという境目の時期でもあり、「去年までと違う！」と、就職活動のギャップに直面した人もいただろう。

さて、価値観を築いた10代から20代の頃にどのような流行りがあったのか。80年代終わりから90年代前半はカルチャー史が熱く、とても書ききれずに、この本で取材した人たちの趣味とは無関係に、独断で年表にピックアップした。これ以外では、80年代の半ばから約10年は雑誌が元気で、『エムシーシスター』『ノンノ』『アンアン』『キューティ』など、あらゆるタイプが書店に並び、情報源だった。98年に『ほぼ日』がはじまっているのがメディアのエポックだったのだなと感じている。

小さいけれど、限りなく自由

eleven 2nd デザイナー

橋本靖代

1964年東京都生まれ。文化服装学院デザイン専攻ニット科を卒業後、糸商のテキスタイルデザイナーを経て、「マーガレット・ハウエル」のデザイナーに。ニット、カットソー、ハウスホールドグッズを担当する。2008年、アパレルブランド「n100」を共同で立ち上げる。2018年より自身のブランド「eleven 2nd」を運営。素材、形、色にこだわりながら、着心地のいいニットウエアやハンドニットを展開している。
http://www.eleven2nd.com

職住一体の暮らしへ

橋本靖代さんは〝洗う〟のが好きだ。朝、起きたらまず窓を開け、すぐに洗濯機をまわす。天気が雨でも曇りでも、洗濯は毎日したい。食器洗いも好きで、キッチンに食洗機は備わっているが、すすんで手洗いをする。

54歳の誕生日に、ひとりでニットブランドを立ち上げた。築50年を越えるヴィンテージマンションをリノベーションし、展示会も開けるぐらいの広さのリビングを確保して、職住一体の生活を送っている。仕事と家事を行ったり来たりする暮らしに、橋本さんは向いていたようだ。洗濯しながらメールをチェックする、ふとキッチンに立ちスープを仕込んでからまたパソコンに戻る……という具合に、その時々でやりたいこと、やるべきことを並行する過ごし方を気に入っている。一緒に住むパートナーも自営業のため、土日に休むという感覚はなくなったが、曜日を問わずに予定を組めるからメリットのほうが大きい。夕方は5時をまわったら早々にキッチンに立ち、お通し的なものをつくりながらスイッチオフにする。一日のはじまりと終わりが決まっているからか、在宅勤務にありがちなプライベートとの切り替えに悩むことはないという。

「調子が出なくなるとすれば、私の場合は編み物ができない時です。この家に引っ越した直後、荷物が多すぎてどこから片づけようか途方に暮れていたんですね。考えがまとまらないのは『ああ、編み物がないからだ』と気がついて、山積みの段ボールのなかから毛糸を探し出しました。編んで考えてを繰り返すうちに『この家具はここに置こう』とか、頭が整理されて片づけが動き出したんですよ。私は出張や旅行にも編み物を持っていきます」

自分が欲しくて編んでみたものが、プロダクトになるのはよくあること。たとえば、ピーナッツ型が握りやすいアクリルたわしは、食器洗いの好きな橋本さんが、気に入るスポンジがないから自分用につくっていたのがはじまり。友だちにプレゼントしたり、チャリティバザーに出したりするうちに、注文をもらい卸販売をするようになった。

10代の頃から、ずっと編み物が好き

いつから、どうして編み物をはじめたのかは、もはや覚えていない。母はかぎ針編みや手芸が趣味で、子どもの頃の橋本さんはよく手編みのものを身につけていたし、家の

こたつカバーは手編み、台所ののれんはマクラメ編みだった。

「でも、母には習っていません。棒針編みがしたくて、近所の毛糸屋さんに教わりながら、最初につくったのはチョッキだったかなあ。家に編み機もあったから、家庭編み機の教室にも習いに行ったんですよ。たしか高校生の頃に、アイビー調のボーダーセーターを編んでいた記憶があります」

10代の頃のファッションはプレッピー。雑誌は『ポパイ』や『ホットドッグ・プレス』を読んでいた。将来について深くは考えていなかったが、興味のままに文化服装学院のニット科に進学。就職先を決める際には、DCブランド全盛のなかデザイナーを目指すのもピンとこなくて、素材に関われる仕事に就いた。

「糸商といって、糸を売る会社に就職しました。職種はテキスタイルデザイナー。糸をつくる紡績と、服をつくるアパレルの間に入り、編み地をつくって『この糸はこんなふうに使えますよ』とプレゼンする仕事です。糸の使い方は組み合わせによって無限なんです。糸を何本組み合わせるとか、素材の違う糸を組み合わせるとか。糸の特徴を考えて編む毎日です。それらをアパレルへ提案していました」

仕事はおもしろかったものの、違うこともしてみたくなり退職。半年ほど、アルバイトをしながら趣味で靴をつくったり、自分で編んだニット小物を原宿の「Ｚａｋｋａ」に持ち込んだりしているうちに、縁があってイギリス発のファッションブランド「マーガレット・ハウエル」で働くことになった。

一から考え、形にしていくおもしろさ

橋本さんが担当したのは、ニット・カットソー部門のデザイン。入社当初はまだ規模の小さなブランドで、これから百貨店に進出するタイミングだったと記憶している。次々に店舗が増え、土日は販売応援に駆けつけながら忙しく過ごした。

「たのしかったですよ。まず、マーガレット・ハウエル本人のつくるものが好きでした。マーガレットと日本のデザイナーとの距離も近くて、シーズンごとに打ち合わせをしたり、私のアイデアを必ずチェックしてもらったり。彼女がつくりあげるものを近くで見られたことがおもしろかったし、いい素材で丁寧に、シンプルかつディテールにこだわるという、目指しているものづくりのスタイルが自分に合っていました」

そのうち、オリジナルの糸や色をつくるようになった。紡績や製品の工場の担当者と

暮らしも仕事も、このリビングで。展示会の時は、
テーブルいっぱいにアイテムを並べる。

直接打ち合わせをするなど、ものづくりの可能性が大きく広がる。橋本さんは、日用品や雑貨のラインであるハウスホールドグッズ部門のデザインを兼務するように。

「ロンドンのものを、日本にどのように展開していくかを考えるのが私の仕事でした。たとえば、ロンドンから送られてくるのは、質は最高に素晴らしいけれどものすごく高価なリネンのシーツとかなんですね。その時代の日本って、タオルや寝具のカバー類は買うものでなくもらうものだったりしたので、まずはそこからでした。綿の素材にこだわったタオルや、リネンのクロス、ラフィアのマット、ゴミ箱など、マーガレットらしい雰囲気が出せるように、オリジナルをつくってマーガレットに確認をしながら商品を企画していました。暮らしのなかにこういうのがあったらいいなと思うものを見つけて、一から考えて形にできたのはおもしろかったです」

大手ができないことをしよう

マーガレット・ハウエルには18年勤め、経営体制の変更にともない退職。エージェントに登録して転職活動をしながら、橋本さんは時代の変わり目を感じとった。紹介された企業のなかには、海外デザイナーとのコラボレーションを展開しているファストファッションの某社があり、「新しいことができるかな」と面接に行ってみたが、まったく話がかみ合わなかったという。

「実績を積んできたし、大きいところで自分は活かされると思っていたけれど、大手はもはやこだわりが持てずに、売りやすいものをつくる時代になっていた。こだわっているのは1~2人でやっている主張のあるブランドなんですよね」

自分に合う勤め先は見つからないのかもしれない。そう感じていた時、長年の付き合いがあったニット工場との企画が持ち上がる。橋本さんは、前職時代の先輩だった大井幸衣さんとともに、その工場のファクトリーブランド「n（エヌ）」をはじめることに。1年後の2008年、「n100（エヌ ワンハンドレッド）」の名でアパレルブランドとしてのリスタートを切った。コンセプトは、「100年経っても好きでいられるものだけをつくる」。ふたりとも「カシミヤ以外は着たくない」と思っていたから、メインのニットはカシミヤのみという、思い切った方向性が功を奏す。ニットなのにTシャツのように袖を通せる軽やかさ、かつてないやわらかな着心地、デイリーに着こなせるベーシックなデザインに多くのファンがついた。

マスコットに手編みのベストを着せたのは、パートナーへの誕生日プレゼント。
誰かの誕生日を祝うのが好き。自分の50歳の誕生日も、双子の妹と一緒に盛大に祝った。

「今までにない薄さと軽さは、大手ではできない常識外れの規格で実現したものでした。だからこその着心地だったし、クオリティも確かなものだったので、デリケートな編み地であることを説明しながら売っていくことにしたんです。卸先にも、デメリットもお話ししてくださるようにお願いをして、目の行き届く範囲で販売する方針を大切にしました。ふたりだけのブランドだからこそ、カシミヤにしては現実的なプライスにしたり。自分たちが着たいものをつくって売るという発信をして、つくり手の顔が見えたのも、伝わりやすかったと思います」

50代のひとり立ち

10年ほど続けたのち、それぞれが新しく進んでみようと決まった。2018年、n100は惜しまれながら解散に。「自分が好きでつくったものを、たくさんの人に必要としてもらい、着ていただけたことは、すごく幸せな経験でした」と橋本さんはいう。

まずはのんびりと、ソファで手編みをする日々を送った。注文をもらっていたアクリルたわしを編みながら、ハンドニットをベースに何かできないかと思うように。そのうちに、自分ひとりならどうにか食べていけるだろうと、具体的なプランを考えはじめる。

かくして橋本さんのニットブランド「ｅｌｅｖｅｎ２ｎｄ（イレブンセカンド）」がはじまった。つくるのはやはり自分の欲しいもの。カシミヤを中心にリネンやシルクなどの素材も取り入れながら、着心地のいいウエアを展開している。

「家にいる時、ごはんをつくりながら、片づけをしながらも心地よい服、好きな服を着ていたいんです。のびのびと動いていられるように、サイズ感も大切にしています。シンプルな形だからこそ、わずかなサイズの違いにこだわりたい。暮らしに本当にフィットするもの、必要なものは何かを考えながらものづくりをしています」

ハンドニットのプロダクトは、マフラーやニット帽といった小物から、コースター、バスマットなどの日用品まで少しずつアイテムを増やしているところ。

「私は編むのが好きだからずっと編んでいたいのだけれど、作品ではなく、プロダクトとしてつくりたいんです。量産してピシッとサイズを合わせたい。工場のようにきれいに仕上がった時の達成感がうれしくて」

丸い形を編んでみよう。この麻の糸で何がつくれるか。橋本さんの手編みはふとアイデアスケッチのようにはじまる。糸をそのまま使うことはほとんどなく、何本かの糸を

すべてバスマット。あらゆるパターンで編みたくなる。

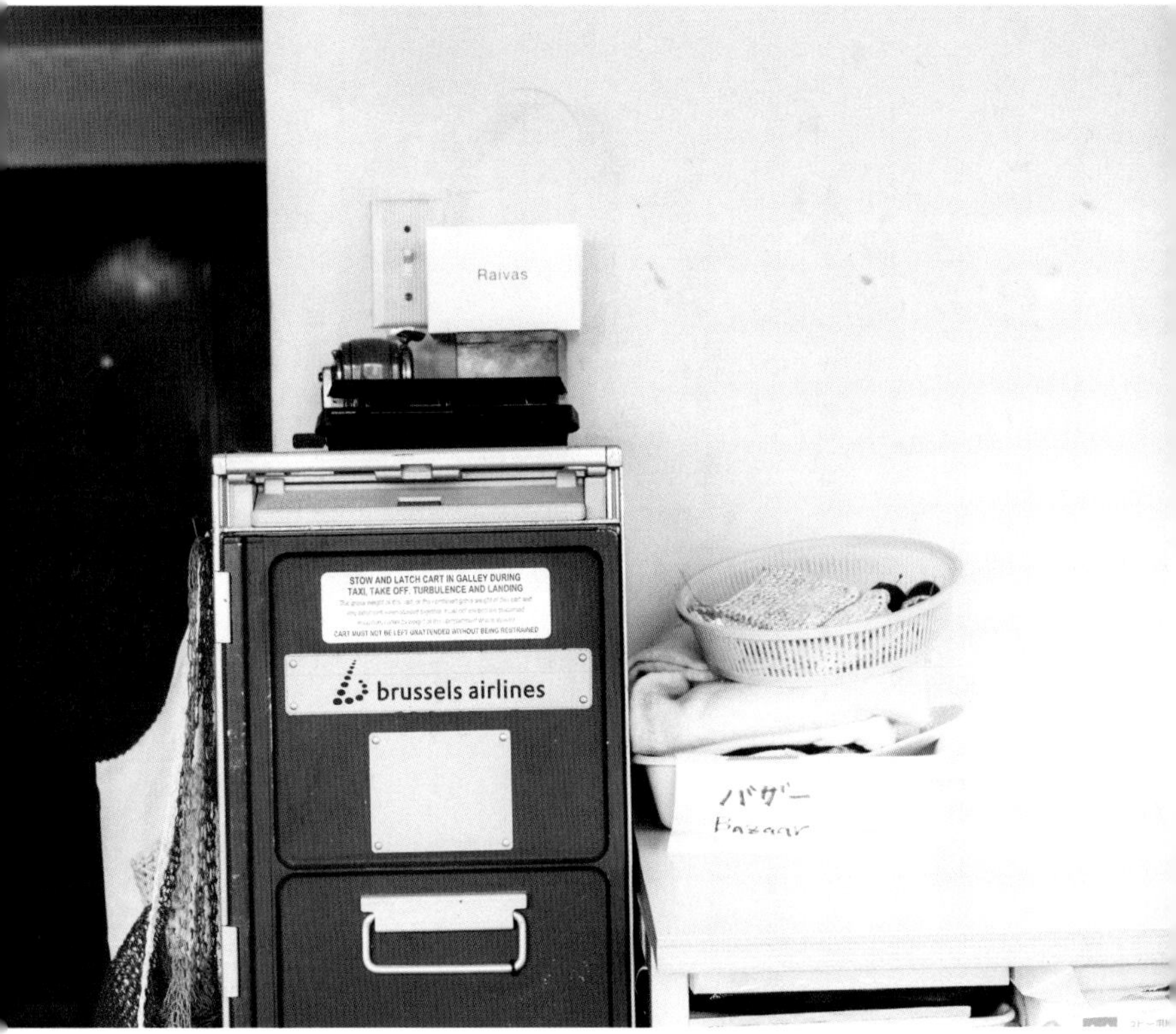

友人らと開催するチャリティバザーの会期が近づくと、「バザーの箱」を準備する。

まぜたり、途中で切り替えたりしながら、思い浮かんだイメージを形にしていく。〝ひとりアパレル〟の小さな規模ゆえに、工場生産のラインではつくりたいものをしぼり込んでいる。その点、ハンドニットのラインでは日々新しいアイテムを考え、手を動かしていられるのがたのしい。

「生活って、引っ越しでもしなければたいして変わらないもの。でも、色がちょっと入るだけで気分が変わったりしませんか？　たとえば、赤い小さなアクリルたわしを使う。そのことで、台所仕事をするのがなんだかうれしいような、たのしいような、そんな気分になりますよね。コースターもそうですが、小さなアイテムが暮らしを明るくします。私がつくるものはグッズもそうだし、服もベーシックです。好きな形はそう変わらず、色も基本はネイビー、グレー、白が好き。それももちろんいいのだけれど、いつも同じになってしまうんです。だって好きだから、安心だから、とかね。50歳を過ぎると、明るい色、爽やかな色が少し入るほうが気分があがります。自分に何色が似合うかと悩む必要なんてなくて、色を選べばおのずと着こなせるし、似合うようになる。みなさん、着てみるとおもしろいように似合いますから。同じピンクでも、カシミヤならば悪目立ちせずに着こなせます。素材がたすけてくれるんですよね」

つくるのも、売るのも大事

手編みだからできること、工場だからできることをそれぞれに工夫しながら、「自分にしかできないものづくりがしたい」と橋本さんはいう。マーガレット・ハウエルの時代から依頼しているニット工場とは、もう30年の付き合いになった。また、ハンドニットのラインも、橋本さんひとりでは編みきれない数は、岩手の編み手の方々に発注している。地域でチームを組んでいる編み物のプロたちで、橋本さんにとって今や遠い親戚のような存在。ひとりアパレルではあるが、多くの人たちとの関わりのなかで続けているのだという責任を感じている。

「好きなものをつくりたい、こだわりを持ってつくりたいけれど、売れないものづくりをしてはいけないと思っています。つくったものはできれば全部売りたいし、売れるかどうかをいつも考えている。前に売れたものがこれからも売れ続けるとは限らなかったりするから、つねに怪しんでいます。在庫を意識したり、消化率を出したり、分析するのもたのしい仕事です。n100の頃もそうでしたが、私のデザインするニットはベーシックなもの、毎年着てほしいものだから、セールはしていません。予想よりも売れな

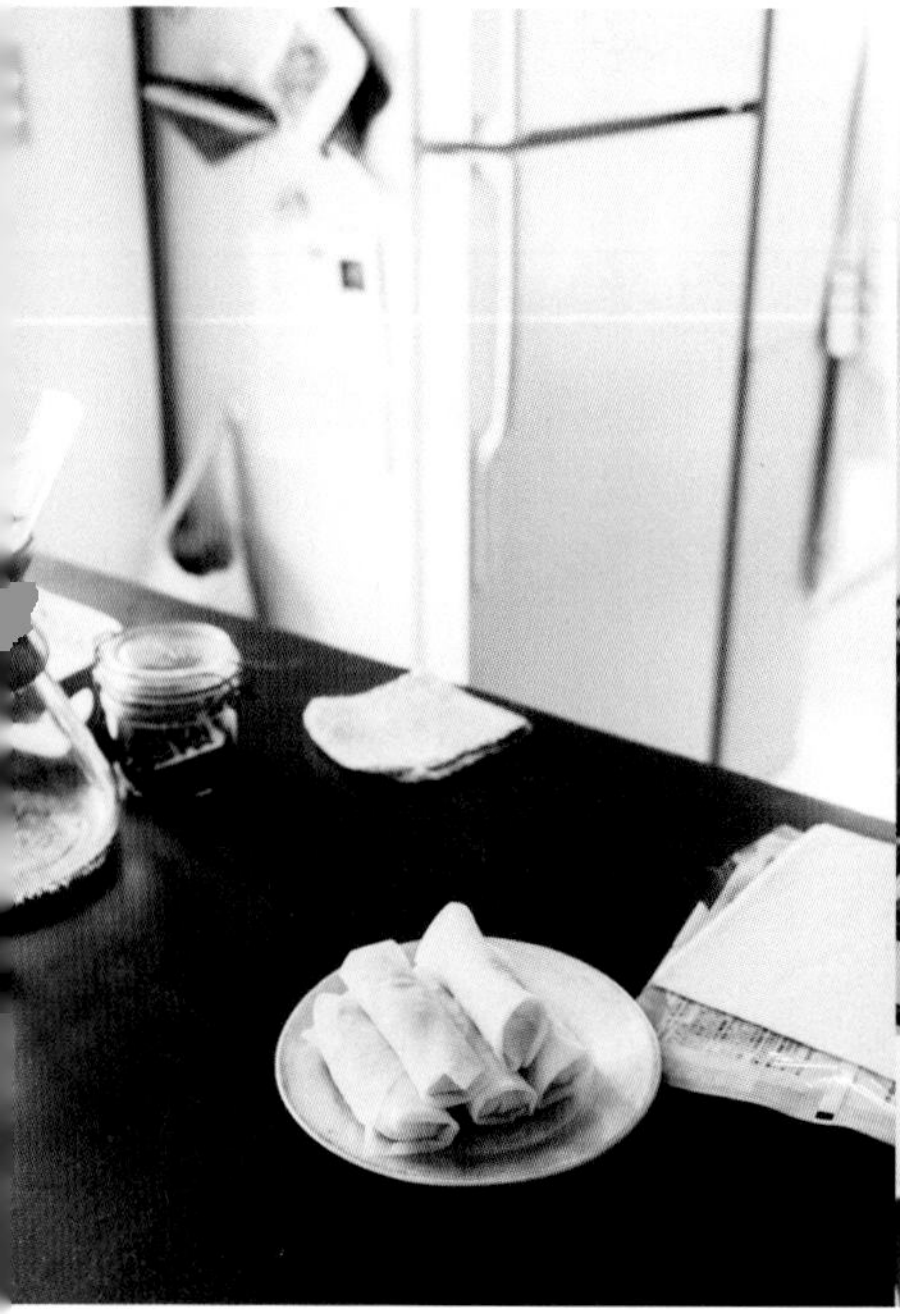

夕方5時すぎには仕事を切り上げて、今宵のお通しをつくりはじめる。

いものもありますけれど、基本的には受注生産なので大きな在庫を抱え込むことはないし、売れなかったら何かしらを考えて動きます。いくら自分が好きでも売れなければつまらない。やっぱり着てもらいたいし、使ってほしいから。それに、売れなかったら、つくれなくなっちゃうでしょう? つくりたいから、売りたい。誰に望まれてつくっているわけでもないけれど、自分以外にもどこかに誰か望んでいる人がいるはずだって、信じながらつくっています」

やりたいことは夢ではない

何事においても、橋本さんは決断が速い。

どうするかを決めたなら「あっちがよかったかな」などとはもう考えず、その気持ちになる。迷う時間をなるべく減らして、選んだほうに長い時間を費やすほうがいいと思っている。

若い頃から目の前のことばかりを見てきたが、この歳になればいつ病気になってもおかしくないから、なおさら「先のことまで決められない」と思うようになった。ぼんやりと1年先、実際にはせいぜい半年先のことまでを考えながら暮らしている。やりたいことはあっても、橋本さんにとってそれは夢ではなく、具体的に着手していくもの。

「ひとりでブランドをはじめる時に、編み物しながら店番ができたらいいなあと思っていたんです。たばこ屋さんみたいな店構えで、売っているのは手編みのもの。道行く人がのぞいて『あれ？ たばこじゃなくて、たわしなの？』っていう意外性がいいんじゃないかと(笑)、自分のなかでイメージしていました。だから最初は路面の物件を探したんですが、なかなか条件に合うものがなくて。そうこうするうちに、このマンションを見つけたんです。アパレルをするには便利な場所だったし、いろいろできそうな広さが決め手になりました。たばこ屋は無理そうだなあと、イメージを海の小屋に変えて、家のなかに小屋らしきものをつくったんですよ。だいたい月に2回、週末ショップとしてひっそりオープンしています」

「KoYA shop」と名付けたそのコーナーは、玄関を入ってすぐ左手にある。室内でも屋根はつけたかったという、橋本さんの注文に対応してくれたのは、パートナーの伊能《いよく》さん。フリーランスで家具のメンテナンスから内装までを手がけている仕事柄、ほかにも棚をつけたりペンキを塗ったり、家のあちこちを便利にかっこよくしてくれる。

Snap-on

KOYA

橋本さんは40代で離婚を経験した後、周囲の友人知人たちに「フリーになったから、いい人がいたら紹介してね」といい続けていた。忘れた頃の10年目にして「気が合うと思う」と紹介されたのが伊能さんだ。会ってみたらたしかに似たもの同士だった。蠍座でO型なのも一緒だが、前向きなところ、それでいて呑気なところ、収集癖があるところまで似ていたと笑う。リビングには橋本さんの家具と伊能さんの家具が混在し、ぶつかることなく調和している。

「ふたりとも物が多いんですよね。私のなかには断捨離って言葉はないんです。Tシャツぐらいは捨てられるはずなんだけれど、それすら捨て時がわからない。くたびれたTシャツは、それこそいいなあと思っちゃうもの。ただ、東日本大震災のあとから、友人が開催を続けているバザーに参加していて、ちょうどいい見直しの機会になっています。バザーが近づくと何か出せるものはないかと、家のなかをウロウロしたりして。『バザー』って書いた箱のなかに入れると、不思議と心が離れるんです。それがチャリティにつながるのはすごくいい。バザーに出せないくたびれたシャツや下着は、旅先に持っていき、向こうで捨ててくるようにもなりました」

自分の仕事がはじまった

ブランド名のｅｌｅｖｅｎ２ｎｄは、誕生日の数字。好きなものは変わらないけれど、暮らしに必要なものはその時々で変化していく。今、必要なものは何か、どんな気分なのか。そんなことを自分に問う日、自分にとっての基点となる日として付けた名前だ。

何だかんだと好きなことを仕事にしてきたけれど、本当の意味で自分の仕事がはじまったのは、ｅｌｅｖｅｎ２ｎｄの看板を掲げてからだと、橋本さんはいう。

「これまでの仕事もずっとたのしかったから、それぞれ長く続いたんだと思います。自分がしている仕事に納得感がありました。でも、いざひとりになってみたら、ああ、自分はこんなことがやりたかったんだなあと。責任はぜんぶ自分にあるからこそ、自由になれる。今も頼まれてもいないのに、すごくかわいい小さなベストを編んでみたりね。赤い糸と青い糸がいっぱいあって、イメージがわいただけなんです。旅先で、つい糸を買ってしまう癖があるから、その糸に合った何かを見つけて、また編まずにはいられなくなる。先のことはわかりませんが、店番しながら手編みをして暮らしていけたら、それでいいのかもしれないですね」

日々の時間割り

7:30
起床
窓開け、洗濯
コーヒーをいれる
朝食
テレビを見る

8:30
メールチェック
仕事

13:00
昼食
仕事

17:30
ゆっくり夕食の支度
晩酌
ながら編み物

22:00
入浴

22:30
就寝

50代までの足跡

10代　毛糸屋さんで編み物を教わる
編み機の教室に通う

20代　文化服装学院デザイン専攻ニット科卒業
糸商に就職し、テキスタイルデザインの仕事に就く
数カ月アルバイトをしながら編み物や靴づくり
「マーガレット・ハウエル」
ニット、カットソー部門のデザイナーに
結婚

30代　ハウスホールドグッズの担当も兼ねるように

40代　退職し、数カ月はアルバイト
離婚
ファクトリーブランド「n」の立ち上げに参加
カシミヤを中心としたブランド「n100」をはじめる

50代　現在のパートナーと出会う
n100を終了
ニットブランド「eleven2nd」をはじめる

11
11

結果はあとからついてくるもの

景丘の家館長・ディレクター

尾見紀佐子

1970年神奈川県生まれ。専業主婦を経て、株式会社マザーディクショナリーの代表に。東京都渋谷区のこども・親子支援センター「かぞくのアトリエ」、青少年に向けた「代官山ティーンズ・クリエイティブ」、全世代交流の場「景丘の家」の運営を手がけるほか、「旅と手しごと」をテーマにした展示会「TRACING THE ROOTS」の主催、マネジメント、出版、プロダクト制作などで新しい視点を発信している。
https://motherdictionary.com

40代ではじめた、新たな仕事

大きなかごのなかに、山盛りのどんぐりが集められていた。「今度のイベントで使うために、せっせと拾っているんです」と、尾見紀佐子さんはたのしげに話す。別の企画では、2000枚もの木の皮をひたすら拾い集めたこともあるという。

紀佐子さんの仕事は、自分の思いや身近な声からアイデアを生み出し、形にしていくこと。株式会社マザーディクショナリーの代表として、イベントの主催や出版企画、オリジナルプロダクトの制作、マネジメントなどを手がけるほか、東京・渋谷区にある3つの施設運営に携わり、地域の居場所づくりに力をそそいでいる。

はじめての施設運営として、代々木にある親子向けの支援センター「かぞくのアトリエ」をオープンしたのは、2013年の夏だった。今どきのお母さんたちの気持ちに寄り添うプログラムが受け入れられ、その実績から2年後にはおもに10代を対象とした「代官山ティーンズ・クリエイティブ」のリニューアルを任される。さらに4年後、赤ちゃんからお年寄りまで幅広い世代が集える施設として、恵比寿に「景丘《かげおか》の家」をオープンした。かぞくのアトリエを準備する際には、紀佐子さんひとりで働いていたのが、現在では30人以上のスタッフに恵まれて仕事をしている。

「最初から先が見えていたわけではなくて、目の前のことを一つひとつ積み重ねていたら、少しずつ前に進めていたんですよ。私は公共施設や居場所づくりの仕事を目指してきたのではないし、結婚が早くて社会に出た経験がほとんどなかったので、運がよかったのかもしれません。かぞくのアトリエをはじめる縁は、たまたまいただいたんです。あの頃の私は、離婚して人生の崖っぷち。何もかもが綱渡りでした」

確かなものがないなか、不安につぶされずに進むことができたのは、お母さんたちを応援したい気持ちがあったから。その原動力には、自分自身の経験が結びついている。

いつも時間に追われていた主婦時代

紀佐子さんは21歳で母になり、3人の子を授かった。小さなわが子たちと過ごした時間は幸せそのものだったけれど、就職をすることなく家庭に入ったために、自分が何も成し遂げていないような気持ちがどこかにあったという。20歳年上の元夫は、音楽プロデューサー、選曲家、編集者などの顔を持ち、次々に新しいことを仕掛ける多才な人。

景丘の家

感性が豊かで、紀佐子さんの知らない世界をたくさん見せてくれた。そのぶん、家庭を支える妻への理想や要望も高く、外に働きに出ることは考えられなかった。

仕事をはじめるきっかけをつかんだのは、30代に入ってから。ちょうどその頃、元夫の会社で刊行していたフリーペーパーの別冊として、新しい時代の母たちに向けた『マザーディクショナリー』をつくることになった。「お母さんがテーマなら、私にも何かできるかも」と、紀佐子さんは手を挙げたのだった。あくまで家庭を優先にしながらの関わりだったが、次第に紀佐子さんがひとりで担当する仕事も増えていき、やがてマザーディクショナリー部門の責任者に。母たちの声を集めた書籍づくり、わが子に使いたいプロダクトの実現、親も子ものびのびと集えるイベント開催など、子育て中の視点を活かしながら次々に新しい企画を考えた。自分が欲しいと思うものを形にし、誰かに喜んでもらえることがうれしかった。

仕事がおもしろくなる一方で、家事との向き合い方を専業主婦時代と変えることはできなかった。とくに料理は手を抜けず、夫が帰宅するタイミングで出来立てを食卓に並べ、子どもの部活や塾の時間に合わせてそれぞれに食事をとらせ、弁当のおかずも手づくり。買い物に行く時間はとれないため、食材宅配サービスを3つも契約し、定期的に届く食材で献立をまわしていたという。子育ての面でも、子どもたちが10代になって小さな頃とはまた違うサポートの忙しさがあり、いつも時間に追われていた。すべてを背負い込んでしまった紀佐子さんは体調を崩し、自分の人生を見直そうと考えるに至った。

保証がなくても、あきらめなかった

20年以上連れ添った元夫と、長い時間をかけて話し合いながら家族の在り方を模索し、別々の道を歩むことになったのは、紀佐子さんが40代に入ってからのことだ。3人の子を引き取りどうやって生きていこう。身内の会社で働いた経験しかない自分が、いったい社会で通用するのだろうか。

そう崖っぷちに立たされていた時、現在の渋谷区長(当時は区議)から施設運営の相談を受ける。紀佐子さんが主催していた親子のイベントに、区長が足を運んでいたことから、若い子育て世代の居場所づくりを任せたいと声をかけてくれたのだ。ただし、区の施設なので当然ながら入札のプロセスがある。契約できるかどうかの保証がないまま、準備に時間と労力を費やさなくてはいけなかった。紀佐子さんは、マザーディクショナ

景丘の家は、子どもから大人までが自然と集える心地いい居場所にしたい。

リーの名を引き継いで会社を立ち上げ、無収入のまま1年をかけて準備を進めることに。

「実績もないのにできるわけがないって、ふつうの人ならあきらめちゃうかもしれないけれど、私にはこれしかないって思ったから。大学生だった長女と長男を卒業させられるのか、都内で4人が暮らすだけの家賃を払い続けられるのか……。不安を数えればキリがありません。でも、せっかくチャンスを与えていただけたのだから精一杯やってみようと、可能性にかけました。その少し前に、東日本大震災があったことも大きかったと思います。被害にあった方々が、あんなにたいへんな思いをしたのにがんばっている姿を見ていたら、自分なんてまだまだだし、ゼロになることが怖くなくなりました。ダメなら田舎に帰ってまたやり直せばいい。不安がるのはやめたんです」

実務経験がなくても、紀佐子さんにはお母さんと小さな子どもたちが集う施設のイメージを明確に描くことができた。若くして母になった頃の、心細い思いがあるからだ。

「私自身が、子どもと行けるような場所が欲しかったんですよね。親子向けのイベントを開催するなかでも、お母さんたちが居場所を求めていることを感じていたから、こんなふうにすればきっとみんなに喜んでもらえるという確信はありました。運営できることが決まった時には、本当にうれしかったです」

紀佐子さんは3人の子を、それぞれ違う環境のなかで育ててきた経験がある。いちばん上の子は、自主性を大切にする私立の小中学校を経て美術大学へ進学。真ん中の子は中学受験に向き合い、中高一貫教育に。末っ子においては、紀佐子さんの子育て経験値もあがって「お金をかけなくても豊かな教育はできる」との思いから、自主保育の活動に参加し、小中高と公立校を選択した。習い事や部活動も、バレエ、ラグビー、サッカーのクラブチームなど三者三様の希望を受け入れ、「わが子のために、親ができることはしてあげたい」との思いでがんばった。しかし、今となってはそれよりも大事なことがあったと心から感じている。その気づきこそを、居場所づくりの仕事に活かしたかった。

「どんなにいい環境や教育よりも、お母さんが笑顔でいられたら、子どもにとってそれに勝るものはありません。温かくて穏やかな家庭で過ごせることがいちばんだなあって。私には、あまりにもがんばりすぎて笑顔になれない時期があったからこそ、なおさらそう思います。子どもが自分を必要としてくれるのは、今振り返れば短い時間でした。だから今、子育て真っ最中のお母さん、お父さんたちに、かけがえのない時間をたのしんでほしいんです。そのための居場所になれるように、私たちができることは何だろうといつも考えながら働いています」

地域の居場所づくりに向き合う

施設を運営するにあたって紀佐子さんが心がけてきたのは、参加したくなるプログラムの企画と、居心地のいい空間づくり。最初に立ち上げたかぞくのアトリエは、既存の建物を引き継いだためにいかにも公共施設という内装が固い印象だった。

「小さい子どもとお母さんたちにくつろいでもらう場所だから、もっと温かみのある雰囲気にしたくて、うちの子たちが使っていた自然素材のおもちゃを提供したり、友人からも寄付をしてもらったり、予算のないなかで工夫しました。カーテンを縫って、壁を塗って、草花を植えてね。自分たちでできることは何でも手を動かしています」

3つめに手がけた景丘の家は、渋谷区に寄贈された故・郡司ひさゑさんの邸宅を建て直した施設。「子どもたちのために活用してほしい」という遺志を継ぎ、子どもと食をテーマにしている。紀佐子さんは準備段階から参加し、世代を超えての集いの場にふさわしいプランを提案した。立ち寄った人たちが自然と輪になれるようサロンに囲炉裏を設け、子どもたちを守る意味を込めてエントランスに茅葺きの装飾を施すことに。ちなみに囲炉裏は、郡司さんの家に使われていた木材を再利用している。現在ではオープンから2

年がたち、地域の交流の場として育ちつつあるという。

「囲炉裏のまわりでは、小学生がおじいちゃんと将棋をする姿や、若いお母さんがおばあちゃんに編み物を教えてもらう光景も見られます。郡司さんの思いをようやく形にすることができたかなと、少しほっとしています」

コンセプトにもとづいた空間をつくることによって、伝えられるメッセージがある。けれどももっと肝心なのは、日々の運営だ。箱を整えるまではプラン通りにできても、そのなかで利用者にどう満足してもらうのかが、多くの施設で課題になっている。

その点、ワークショップや親子教室のプログラムといったソフト面を考えるのも、紀佐子さんにはたのしい仕事だった。料理家、クラフト作家、イラストレーター、フォトグラファーなどの協力を仰ぎ、子どもたちの豊かな感性をはぐくみ、お母さんたちの心をほっとゆるめる新しい企画に力を入れた。たとえば、親子で奏でるウクレレ講座、段ボールのお家づくり、しめ縄からつくる正月飾り、庭で育てたこんにゃく芋からのこんにゃくづくり、活版印刷でのカード制作などである。景丘の家ではとくに食まわりの企画が多く、コロナ禍の影響でオンラインになってからも工夫を凝らしているという。

「もともとこの地域では、両親のお仕事が忙しくて、子どもだけで夕飯を食べるお家も多かったんです。だから景丘の家に集まって、一緒に料理をつくって食べる企画が人気でした。オンラインになってからは私たちが下調理をし、材料はもちろん調味料からゆで汁まで小分けにしたものを準備して、事前に取りにきてもらっています。時間になったら自宅からZoomでつながり、画面の前でいっせいに料理をするんです。お母さんたちが忙しいのに、参加するなら材料揃えてくださいね、では意味がないと思っていて。食育の大切さはわかっていても、なかなか一緒に料理もできないのが現実です。そこをお手伝いしたいから、家族でとにかくたのしんでもらえるように無理なく参加できる仕組みを考えました。この方法だとお父さんの参加率も高いんですよ」

実績がないなら、信頼してもらうしかない

一方、代官山ティーンズ・クリエイティブは、思春期の年代をターゲットにしているところに、ふたつの施設とはまた違う難しさがある。学校と部活で忙しい中高生は、放課後や休日にわざわざ公共の場所に出かけ、知らない人たちとコミュニケーションをとることに積極的ではない。未来のある10代の子たちのために何ができるのか——。考え

た紀佐子さんは、「種まき」をコンセプトに長い目で見ながら運営を続けている。

「今の時代、いい学校に入っていい会社に就職したら一生安泰、ではありませんよね。将来の選択肢が広がるように、家と学校の往復だけでは出会えないような大人たちと関われる場所、いろいろな生き方や、仕事の仕方があるってことに、触れられる場所をつくりたいと思いました。事前申し込みのワークショップを開催するほかにも、日替わりでクリエイターのプログラムが体験できる機会を用意して、自然な出会いにつなげています。この施設のやりがいは、何といっても子どもたちの成長が見られること。オープンした頃に小学生だった子が、高校生になっても顔を出してくれたりするのがうれしいんです。同じ年頃の子たちが刺激を受けあっていたり、才能の開花をお手伝いできたりしたケースもあって、胸がいっぱいになる出来事にたくさん立ち会えます」

さまざまなジャンルの第一線で活躍するクリエイター、アーティスト、専門家や職人たちとネットワークを築いているのは、マザーディクショナリーの特色といえる。そんなつながりも、紀佐子さんは一つひとつ積み上げてきたのだという。

「新しくお仕事をご一緒する時って、これまでの実績で判断する部分があると思うんです。でも、私にはこれをしてきました、といえる大きなものがなかったので、そこはも

作家さんのアトリエを訪ねる時に、山や海や川などへ一緒に出かけることも多く、
おもしろい石を見つけては旅の思い出に持ち帰っている。

う信頼していただくしかありません。とにかく安心してもらえるようなお仕事をしようと思っていました。ワークショップなどの講師のお願いにあたっては、発注、準備、当日、終了後までの一連の流れでその都度コミュニケーションをとっていて、それらはすべてマニュアルにしてあるんですね。どのタイミングで何をするのか、一連の作業のポイントが細かく記されているので、スタッフの誰が担当しても同じ流れで動けます。私が仕事で得意なことがあるとしたら、この部分かもしれませんね。あらゆるケースをシミュレーションして具体化し、取りこぼさずにまわすためのシステムをつくる。アイデアを出すだけでなく、それを形にするまでの実務的なプロセスも好きなんです」

段取りのスキルは、妻と母の役割をしながら自分の仕事を模索していた30代に身につけた。子どもの都合などで何が起こるかわからないから、つねに前倒しで動くことが習慣だったあの頃に比べれば、自分のやりたいことに全力投球している今の忙しさは「種類が違う」と話す紀佐子さん。現在でも一緒に働くスタッフに家庭を持つ人が多いため、余計な仕事を増やさないようミーティングは最小限に。情報共有や課題解決は、関わるメンバーだけの立ち話で相談するか、日々の業務報告を役立てている。

「業務報告は全員で見ているから、みんなの動きや困っていること、いい出会いがあったことも、つねに共有できるんです。それに対してわかる人が情報やヘルプを出して、それぞれの個性を活かして補い合い、チームワークで進めることを大切にしています。誰かひとりが抱え込むと勤務に無理が生じてしまうし、何より、みんなのできることが少しずつ増えていくほうがいいですよね。持ち場を限定せず、役割の幅を広げていけば、新しい案件がきた時にもみんなで体制を変えながら対応していけます」

マザーディクショナリーには他の団体からの、運営に関する相談が多く届いている。地域のつながりが希薄になっている現代において、施設を増やしてその課題解決に貢献したい思いはあるものの、すべてに応じることは難しいため、今後はプランニングやコンサルティングなど部分的に関われる準備をはじめたところだ。

気がつけば、すべてが役に立っていた

紀佐子さんが40代で人生の再スタートを切った時、3人の子どもたちと暮らすために借りた自宅には、小さな庭がついている。ドクダミでいっぱいだったその庭が、入居の決め手になった。手入れに精を出し、ミモザ、とちの木、クレマチス、ユーカリ、アイ

緑が豊かになれば、気持ちも豊かになる。
先が見えないなかで、庭の草花が育つことがよりどころに。

ビー、シマトネリコ……と、さまざまな植物を植えた。

「緑が豊かになれば、気持ちも豊かになるでしょう。仕事もまだ決まらずに先が見えないなかで、庭の草花が育つことが日々のたのしみであり、よりどころでした。一時期はジャングルみたいにもりもりになって、シジュウカラが雛をかえしたこともあったんですよ」

　この家に暮らし徐々に時間ができてからは、子どもたちに留守を任せて旅に出られるように。玄関の靴箱のうえには、紀佐子さんが旅先で拾った石が並ぶ。20数年ぶりに手にした自由な時間のなかで見つけた出会いは、もうひとつの柱である活動につながった。

「手仕事を生業としている作家さんたちを訪ね、工房や窯を見てまわるようになって、地に足の着いた暮らしから生まれるものに惹かれていったんです。そのうちに作り手の方から誘われて、『旅と手しごと』をテーマにした展示会をプロデュースすることになりました。たくさんのものがあふれる世の中だけれど、大量生産ではなく、作り手の感性や思いが表現されているものを大事にしたいと思っています。私にとっては地域の居場所づくりも、手仕事の可能性に関わるのも、切り離せることではなくつながっているんです。どちらも次の世代に手渡したくてやっているのかも」

自分はビジネスに向いてないし、マーケティングもしたことがないと紀佐子さんはいう。元夫の会社で働いていた頃、イベントやプロダクトを展開するなかで利益を生み出さなくてはと企業と組んだりもしたが、明確なビジョンは持てなかった。当時一緒に働いていたスタッフに「紀佐子さんは、何がいちばんやりたいの？」と聞かれ、答えに詰まったことを今でも覚えている。

「でも、その頃の試行錯誤がすべて役に立っています。まさか人生の先にこういう状況が待っているなんて想像もせず、ただただ自分のできることを形にしたくて営業もしたし、スペース貸しも試みたし、あらゆることをやっていたけれど、無駄なことは何ひとつありませんでした。夢中でしていた子育ての経験も活かすことができた。何となく、役割を与えてもらったような感覚でいます。求められたことを自分なりに形にするのが、私の役割なのかな……と。行政の施設の運営は、毎日の売り上げに追われることがないのが、私には向いていると思います。純粋に、関わるみなさんが喜んでくださることを考えればいい。中身の充実に時間をかけていれば、応援が集まり結果もついてくる。その時はわからなくても、振り返るとつながっていました。それがわかった今では、これからもコツコツやっていけばいいんだという穏やかな気持ちでいます」

日々の時間割り

7:00
起床
身支度、洗濯、掃除
軽めの朝食
夕食の仕込み
弁当づくり

9:00
家を出る

9:30
出勤

19:30
退勤

20:00
帰宅
夕食の仕上げ

21:00
夕食

24:00
就寝

50代までの足跡

10代　服飾の専門学校へ通う

20代　結婚。専業主婦に
21歳、第一子出産
23歳、第二子出産
28歳、第三子出産

30代　フリーペーパーの編集制作を手伝う
（当初は在宅勤務が中心）
徐々に仕事が増え、部門責任者に
イベント、出版、プロダクトなど幅広いジャンルに挑戦

40代　離婚。3人の子を引き取る
マザーディクショナリーの代表に
「かぞくのアトリエ」オープン
子どもの手が離れ、旅に出るように
「代官山ティーンズ・クリエイティブ」
リニューアルオープン
「旅と手しごと」をテーマに展示会を主催
「景丘の家」オープン

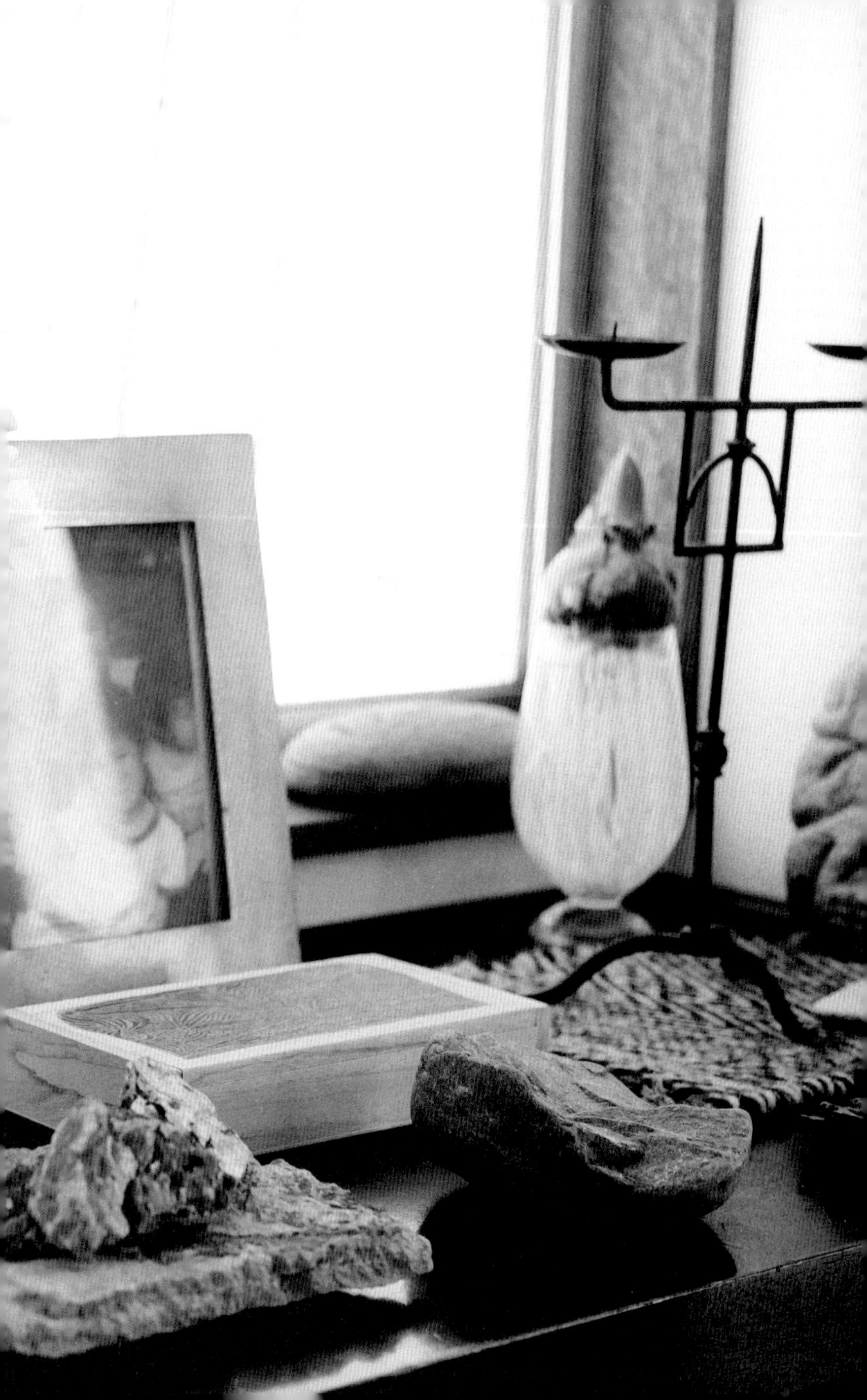

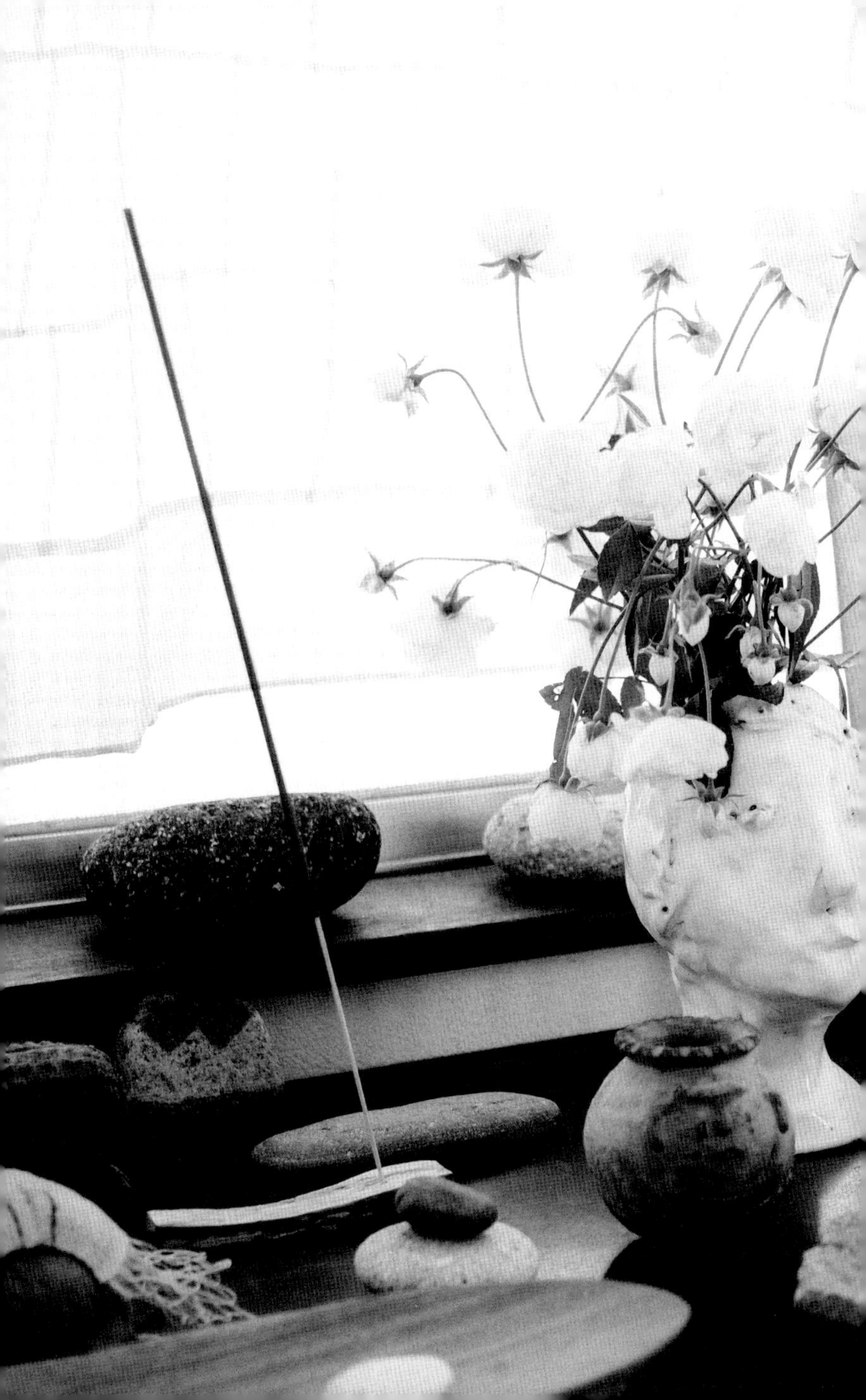

ひとりの時間に自分を磨く

ミュージシャン・文筆家
猫沢エミ

1970年福島県生まれ。9歳からクラシック音楽に親しみ、音大卒業後、シンガーソングライターとしてメジャーデビュー。2002年に渡仏。帰国後、超実践型フランス語教室にゃんフラ主宰。近著に『ねこしき～哀しくてもおなかは空くし、明日はちゃんとやってくる。』（TAC出版）があり、生活料理人としてレシピを発表している。
Instagram @eminecozawa

いいことも悪いことも突然に起こる

この5年のあいだに、両親と愛猫を続けて看取った猫沢エミさんは、「人生って、何でも起こるものなんですよね」とつぶやいた。苦しくて、きつくて、たまらない出来事も、その反対にうれしい出来事も、どちらも突然に起こり得るのだと。

うれしいことでいえば、最近の猫沢さんは51歳の誕生日に上梓した料理エッセイが好評で増刷を重ねている。数字がうれしいのではなく、たくさんの人が共感してくれることがありがたく、読者の感想に自分自身が励まされている。

だからといって、いい状態がずっと続くとか、足がかりに何かするとか、人生はそんな簡単なものじゃない。これはあくまで一過性のものだと、もうひとりの自分が客観視もしている。

予測不能のことが起きた時、それがいいことでも悪いことでも、猫沢さんは感情に溺れないために、自分を外側から見るのだという。ブログやSNSに思っていることをひたすら書いて言語化しているのは、自分を俯瞰《ふかん》するための手段のひとつ。決して感情を抑えるためではなく、感情を出すために、出して自分を理解するために書いている。

人間は、不完全なもの

猫沢さんは、物心ついた頃から「自分を見失うこと」の怖さを感じ取ってきた。福島の呉服店の長女に生まれ、まもなく両親が離婚。生みの母と別れたあと、父が再婚した育ての母にたくさんの愛情を注いでもらいながら育つ。猫沢さんにとってはその人こそが本当の母であり、心から感謝している存在だが、歳の離れた弟たちと自分との違いを肌で感じることはどうしてもあった。当時は呉服店が繁盛していたため、大人の出入りが多く、多感な猫沢さんはいつも周囲を観察していた。

「人間って、長く生きれば賢くなるとは限らないんだなあと、小学生の頃から冷めた目で大人を見ていました。とくに父方には、精神を病んでしまう人が多かったんです。才能をうまく使えればいいけれども、そうじゃないと生きるのが難しい。紙一重な大人たちが周りにいたので、人間は不完全なんだと。まるで当時流行っていた『プッチンプリン』みたいだと思っていました。型に入っている時はきちんとして見えても、一回あけてしまったら、すぐに崩れてしまうようなやわらかくて弱いもの。これは私にも型が必要だな、と感じていたんです」

隅田川沿いのマンションは、向かい側が公園で日当たりも風通しもいい。
ちょっと気が詰まったらベランダでお茶を飲む。

幸い猫沢さんは9歳の時、音楽に出会った。オーケストラの演奏を聴いて、「ヴァイオリンがやりたい」と生まれてはじめて目標を持つ。中学校では吹奏楽部に入り、リズム感を買われて打楽器を担当するように。

「もともと私の思考のなかに、数学的なところがあるのだと思います。メロディもない修行みたいな打楽器練習に、のめり込んでいきました。最初に担当したのがトライアングルで、誰が叩いてもチーンじゃないですか。けれども顧問の先生に『よく耳を澄ましてみろ。金属楽器は叩くごとに倍音が全然違うんだ』といわれて、ほんとだ！と。同じ倍音の比率で叩くことがどれだけ難しいかを説明された時に、同世代の子が『先生、何いってるんだろう』と引くなかで、私はめちゃくちゃおもしろいと興奮したんです。打楽器はどこか哲学的で、教える先生方も変わり者が多かった。演奏するだけじゃなくて作曲や音響学など、音楽の学術的な面にもはまっていきました。音大受験にあたっては小太鼓を選んだので、体のなかに60秒の絶対リズム感を入れるための訓練をするんです。時間の概念を徹底して叩き込まれて、〝二度と戻れない時を刻むことが、生きるということ〟という理念を得たような気がしています」

さみしさを放置してはいけない

東京の音大に無事合格。実家を出てひとり暮らしをはじめると、ひとりの時間の過ごし方を覚えていった。

ある時、音楽心理療法の授業で受けた児童文学者の特別講座が、猫沢さんの生きる態度に影響を及ぼす。その文学者によれば、子ども時代に信じていたファンタジーの生き物たちが、子どもの心のなかに「椅子をつくる」のだという。サンタクロース、龍、ウルトラマン……と、座る生き物の数が多ければ多いほど、たくさんの椅子ができる。そして、いざ「サンタクロースは実在しないんだ」とわかっても、心のなかに椅子だけは残り、将来、その大事な椅子に大切な人を座らせることができるのだと。

「ものすごく感動して、ワーッと泣いてしまいました。その考えが、私のなかに今もあります。たとえばボーイフレンドができたら、大切な人だから椅子に座らせますよね。お別れをすると椅子は空くし、すごくさみしいけれど、適当な人を座らせたら椅子が朽ち果てて消えてしまう。そんなイメージを持つようになりました。だから椅子が空いた時には、次に座ってくれる大切な人が現れるのを待ちながら、ひたすら椅子磨きをする

視力はずっと1.5で眼鏡とは無縁だった。
老眼鏡は、まずはそつのないデザインを買い、だんだん個性的なものに。

んです。それはつまり、自分磨きです。本を読んだり、映画を観たり、料理をしたり。ひとりの時間は孤独じゃなくて、自分に向き合って椅子を磨く時間。そう思えばさみしさに溺れてしまうことはありません。ひとりの時間に培ったものが豊かであれば、自然と次の出会いも豊かになる。そんな自分をおもしろがってくれる人にちゃんと出会えるまで、むやみに心の穴を埋めないほうがいいんです」

さみしさはやっかいな感情だと、猫沢さんはずっと思っている。その「やっかいさ」については、あるテレビのドラマの台詞を例に出した。

「『洞窟おじさん』という、実話をもとにしたドラマがあったのをご存じですか? 主人公のおじさんは、子どもの頃に親からせっかんを受けて家出をし、大人になるまで洞窟で生活をするという壮絶な人生を送った人です。猪に襲われて戦わなきゃいけないとか、ものすごく過酷な経験をしているおじさんが『怖いのは我慢できるけれど、さみしいのだけは我慢できない』といったことに、私はガーンとなりました。さみしいってすごく不思議な感情ですよね。さみしくても人はすぐ死んだりはしないけれど、その気持ちを押し殺したり、長期間放置していたりすると、明らかにコンディションが悪くなります。さみしがる自分に甘んじていると、結局は誰かに迷惑をかけてしまう。さみしさゆえに承認欲求が強くなったり、コンプレックスが歪んだり。さみしさを感じるのは当たり前だけれども、放置をしてはいけないんです」

32歳、パリにプライドを捨てに行く

ミュージシャン「猫沢エミ」が誕生したのは、1996年のこと。

バブル崩壊の直前に実家の家業が破綻し、サポートのないなかで音楽活動を続けるために就職していた猫沢さんは、はじめて出演したライブハウスでスカウトされ、26歳の時にシンガーソングライターとしてメジャーデビューする。当時、日本のポピュラー音楽は渋谷系全盛期。売れる音楽を求められ、「ポップスの作曲をがっちりやらせてもらえたのは、最終的にすごく勉強になった」ものの、9歳の頃から培ってきた音楽に対する思想をそうは変えられず、2000年に独立。4年間のメジャー活動を終えて個人事務所を立ち上げた。ホームページを構えてブログを書きはじめたところ、映画評論の仕事が入るようになり、やがて書くことも生業に。

現在、51歳に至るまでを振り返ってみて、「今の私をつくった」と思えるような人生の

転機はふたつある。ひとつは32歳の時、パリで暮らす決心をしたことだ。

「その頃の私は、もう本当に余計なものをいっぱいぶらさげていました。つまらない肩書きとか、本来の私にはいらなかったはずのプライドとか。メジャーの舞台でジャラジャラとついてしまったものを、落としたくて落としたくて。余計なものを捨てるためには、修行的なことをしなくてはと思ったんです。パリには何度か訪れていて、言語も難しいし個人主義ともいわれていて、雑誌に出ているような素敵なだけの街じゃないと感じていました。そんな場所に自分を置いて、フランス語を学んでみようと思ったのは、決して明るい旅立ちではなく、あえて難しいほうへ飛び込むような気持ちでした」

40代のアルバイト

2002年に渡仏した猫沢さんは、パリを拠点に、東京と行ったり来たりしながら音楽や執筆で身を立てた。また、自身の愛車でもあったヨーロッパ製バイクの輸入販売をスタートし、当時の彼と会社を立ち上げるまでに。順調に事業を広げていたが、ユーロの高騰にともない業績が悪化。会社の立て直しのために日本に戻るしかなく、およそ4

年のパリ暮らしを引き上げた。

帰国してからの30代後半は、見事に悪いことばかりが続いた。会社が傾くにつれ彼との関係も悪くなり、自身の病気も発覚。子宮頸がん、子宮筋腫と2度の手術で精神状態も不安定になり、体力も失い、日々の支払いにも困って……。負のスパイラルに陥った当時のことを、猫沢さんは「これ以上、落ちようのないところまで落ちた」と語る。初代の愛猫が息をひきとり、長い付き合いだった彼とも別れ、猫沢さんはひとりになった。

そこからが、ふたつめの転機。

「定期収入が少しでもあったほうがいいと、お弁当屋さんでアルバイトをはじめたんです。パリで余計なものを捨ててきたつもりが、まだ何かに依存するような気持ちや慢心が残っていたんですよね。ここでもう一回、ただの私になる必要がありました。演奏ができる、文章が書ける、フランス語が少しはできる、そんなスキルをいったん横に置いて、ひとりの人として手足を動かし、お弁当をつくる。毎日、毎日、朝から働いて、疲れ切って、何も考えずに寝る。合間に本業もしながら、そんなシンプルなサイクルを1年半ぐらい続けました。お弁当屋さんて、けっこう体力勝負なんですよ。何升ものお米を運んだり、ずっと立ち仕事だったり、体力が落ちていた私にはいいトレーニングでし

料理はいっさい習ったことがないけれど、基本に忠実、かつシンプリスティック。
むやみやたらに胡椒は振らない。

た。レジを間違えずに打つのもオーダーを覚えるのも、若い人にはかないません。一緒に働いていたのは中国人の子たちで、バイタリティも集中力もエネルギーもあります。私はその頃、精神的にも体力的にもふにゃふにゃだったので、みんなから力をもらいましたよ。そうして少しずつ、立ち直ったんですよね。何でお弁当屋さんだったかというと、その前に本屋さんとか、いろいろなバイトに応募して面接も行ったんです。でも、落とされた。その時に『ああ、社会で何の価値もないんだ』としみじみ思ったし、経歴は伏せつつも応募書類の特技欄に『フランス語』と書いたりした時は、すぐ辞めると思われたんでしょうね。『君が働くのはここじゃないんじゃないの』なんていわれたこともあります。そのお弁当屋さんは、働きはじめてわかったのですが店長がくせ者で、日本人が入っても3日と続かないところだったから雇ってもらえたみたいです。でもほら、私は変わり者に囲まれて育っていますから、そうは負けませんでした(笑)」

猫沢さんの心が回復するにつれ、本業が順調にまわるようになった。生活の見通しも立つようになり、新しく保護猫を譲り受けたのもきっかけとなって、アルバイトは卒業。40代の入口で、働くことの本質を体感できた経験は、今もかけがえのない宝物になっている。

本当に役に立つのは知識と経験

クリエイティブな仕事に身を置くのは、ある意味不安定だと猫沢さんはいう。

「仕事の波がひいたとき、膝を抱えて1カ月を過ごしてもさらにお金がなくなるだけですが、アルバイトをして1日に2000円でも3000円でも稼いでいれば、積み重なるし、明るい気持ちも生まれてきます。本業じゃない仕事をやってみると、自分がいる世界とは別の視点に触れられたり、いろいろな人の話が聞けたり、収入面以外にもいいことがある。立ち止まっているより、動きながら考えたほうが意外な突破口が開けたりもする。それに、本業のよさもまた見直せるんです」

音楽が〝好きだから〟仕事にしたのだと、素直な気持ちに立ち返ることができた猫沢さんは、あらためて自分を活かして生きる方法を組み立てた。

「せっかく再認識する機会を得たのだから、ここから先は本当の意味で自分の力を使っていこうと思いました。まず、人として、落ちるところまで落ちて希望もなくなるような状態をつくらない。そのためにも、フランス語を教えることにしたんです。40代も半ばにして初の教師業に挑戦しようと。自分の知識や経験値をとにかくつぎ込んで、生徒の

「ネタ帳」のつもりで、料理の材料を数値化してメモ。
料理のプロではないけれど、よりよく生きるためにたのしみながら料理をしている。

みんなが本当にフランス語を話せるようになるためのガチの授業を考えました。現在では開講7年目に突入し、週6回のクラスを開いています。教えている生徒は40人以上。スペース貸しを利用しながら対面の授業ではじめて、今はリモートトレッスンに切り替わりました。リモートだと、私がパリにいる時にも授業ができます。生徒にもパリの様子が伝えられるから、より可能性が広がる気がしています」

身につけた知識や経験は、誰からも奪われることのないものだ。自分だけが使える本当の財産になる。経済的には電気が止まるのを心配せずにすむ程度の、社会人として生活できるだけのお金がまわせて、困っている友だちにお金を貸すのを躊躇《ちゅうちょ》しないぐらいの貯金があれば十分。親世代を見て、お金があるゆえに減るのが怖いのも苦しいことだと感じてきた。お金に使われるのはまっぴらだ。

死に向かうための哲学を持ちたい

30代、40代と年代が変わるごとに、猫沢さんは自分を根本から見直すようなリセットをしてきた。50代がはじまった今も、ここでがんばらなければ明るい60代が迎えられないような気がしている。両親を見送り、同世代の友人の死にも触れ、自分の人生だってもうそこまで長くないのではと、ハッとした日があった。

「日本人はみんな優しいし、感情もウエット。そこまで自分に向き合わなくても生きていけるぐらい、日本はいい国だと私は思ってきました。これが民族も宗教も個人のアイデンティティも本当にばらばらなところに放り込まれると、自分が自分である意義ってなんだろうと対面せざるを得なくなる。そこからみんな個人の哲学を見つけ出すのだと思うんですけれど……。母を亡くす時、個人の哲学がないとこんなにも死の恐怖に苦しむのかというのを、目の当たりにしました。自分が死ぬことに納得がいかなくて、自我が崩壊していく姿を見るのは何より辛かったです。人は誰しもこう生きて、いつかはあの世に行くのだという、死生観に対する具体的なビジョンが必要なのかもしれません」

正解を問うよりも、日々を納得して生きる

ひとりの暮らしを立て直し、自分の足で人生を歩けるようになった頃、猫沢さんは現在のパートナーであるフランス人の彼と結婚の約束を交わした。残りの人生を一分でも

DENON

長く一緒に過ごそうと誓い合った。まもなく、猫たちを連れてそのフィアンセがいるパリへ渡る予定だ。現在の住まいも手放す準備をはじめている。

人生の分岐点に立った時、どの道を選ぶのが「正解か」と考えると、前に進めなくなるのだと猫沢さんはいう。どの道を選んだとしても必ず苦難はついてくるもの。光と影はセットだから、悪いことが起こるのは防ぎようがない。だからあまり影のことは気にせず、光のほうだけを見て「これは自分の人生に必要だ」と思う物事にプライオリティを置きながら道を選んでいる。

「その道がベストかどうかはわかりません。違う道もあったはずだし、単に自分がそちらを選ばなかっただけで、どこを選んでも道は続いていくと思います。ただ、私が迷わず前に進めるのは、日々を納得して過ごしているからなんです」

猫沢さんは、自分の心の動きの出所をいつも確認している。自分の気持ちは「わからないもの」というのが大前提だから、わかるまで、納得するまで思い巡らす。

たとえば胸がモヤモヤッとした時、「いったい何にモヤモヤしたのだろう?」と出所を探してみると、「ああ、さっき道端ですれ違った人が嫌な感じだったからだ」と納得ができる。大それたことではなく、むしろ小さな確認を繰り返していると、日々の納得感は高まっていくという。

「自分を大切にするって、たとえばいつもいい服を着せてあげるような表層的なことではなくて、自分の心の動きを、本人が無視しないことだと思うんです。お腹が空いたら『何を食べたいのかな』と考えて、ごはんを食べる。疲れていたら『わかった、もうじゃあ今日は早く寝よう』とベッドに入る。真に自分を大切にしている、愛しているって、そういうことだと思っています。そうやってちゃんと向き合っていると、自分が自分に嘘をつかず、本当のことを話してくれるようになるんですよ」

料理をしながら、好きな音楽を聴きながら、猫沢さんは自分をいたわり、自分をたのしませている。天国に持って行けるものがあるとしたら、きっと自分の内面だけ。これからも自分という人間が豊かになるように、納得する日々を重ねていくのだ。

日々の時間割り

9:00
起床
猫にごはん、トイレ掃除
ベランダでコーヒーを飲む
メールチェック

10:00
着替え
ブランチをとる

11:00
掃除、買い物

12:00
仕事

16:00
おやつ休憩

16:30
再び仕事

20:00
フランス語教室

21:30
レッスン後に宿題メールを送る

22:30
夕食の支度

23:00
夕食

23:30
憩いの時間
本を読んだり映画を観たり

2:00
就寝

50代までの足跡

10代　9歳でヴァイオリン、13歳で打楽器をはじめる

20代　洗足学園音楽大学でパーカッションを専攻し、卒業

26歳、メジャーデビュー

30代　映画解説など、執筆の仕事をするように

2002年、愛猫ピキとパリへ渡る

ヨーロッパ製バイクの輸入会社を立ち上げる

著書『パリ季記』を出版

帰国後、マンションを購入

フリーペーパー「BonzourJapon」の編集長に

子宮頸がん、子宮筋腫で2度の手術

ピキが旅立つ

一緒に暮らしていた当時の彼と別れる

40代　弁当屋さんでアルバイトをはじめる

保護猫ピガを譲り受ける

本業に完全復帰

保護猫ユピを譲り受ける

フランス語教室「にゃんフラ」をはじめる

父を見送る

頸椎ヘルニアの手術

高齢猫イオを保護する

看病していた母を見送る

50代　イオを見送る

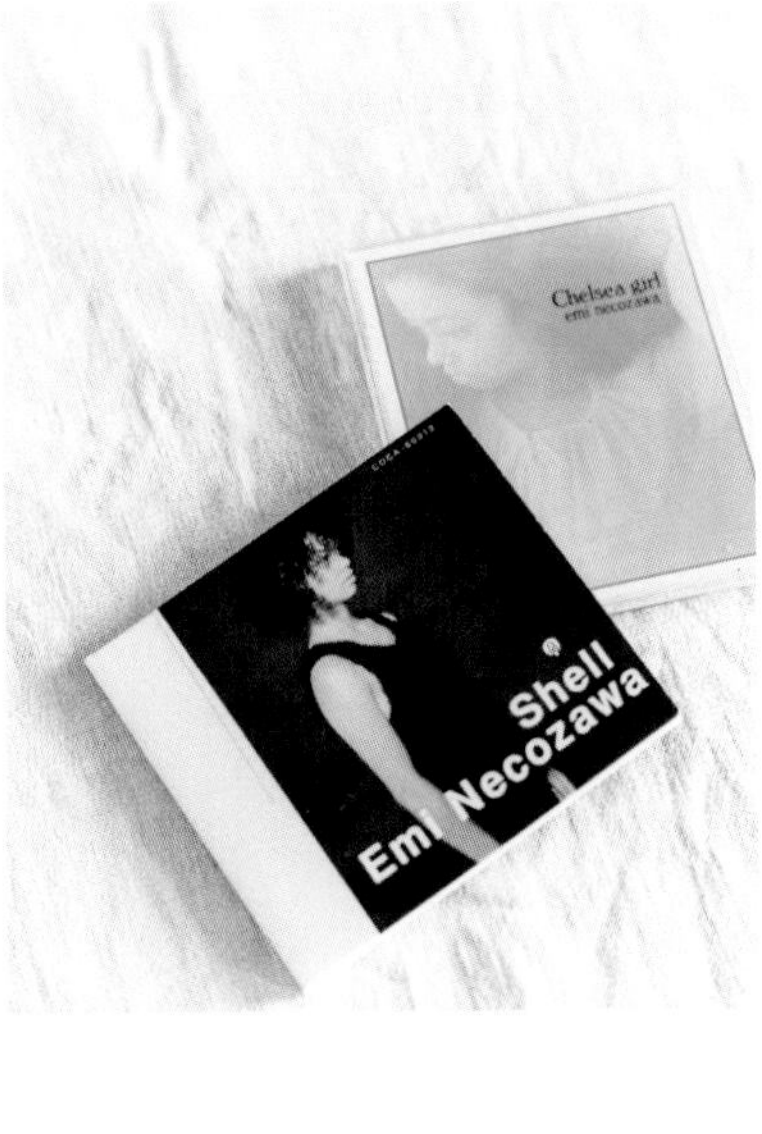

＼フィフティーズ！／

50s

世代を振り返る〈ライフスタイル編〉

1981　渋谷に「アフタヌーンティー」オープン

広尾に「F.O.B COOP」オープン

1982　雑誌『オリーブ』創刊

1984　原宿に「Zakka」オープン

奈良に「くるみの木」オープン

1985　原宿に「ファーマーズテーブル」オープン

1987　自由ヶ丘に「キャトル・セゾン　トキオ」オープン

1994　新宿に「ザ・コンランショップ」オープン

1995　イームズなどミッドセンチュリーデザインがブームに

1997　大阪に「TRUCK」オープン

1998　益子に「スターネット」オープン

今の50代の多くは雑誌『オリーブ』の洗礼を受け、雑貨ブームを経験している。若い頃はファッションやカルチャーに夢中だったのが、実家を出て自由な暮らしがはじまると、興味が「インテリア」に向いた人も多いのではないだろうか。90年代後半からはヴィンテージに注目が集まり、東京・目黒の元競馬場前バス停あたりから点在するインテリアショップが盛り上がった。雑誌のインテリア特集も濃厚で、たとえば「TRUCK」の黄瀬徳彦さんと唐津裕美さんが自分たちでビルを改装した様子が掲載されたり、タレントのちはるさんが建築条件付き住宅を見事

1999　池袋に「イルムス館」オープン
2000　辰巳渚『「捨てる！」技術』出版
世田谷に「D&DEPARTMENT」オープン
2002　雑誌『クウネル』増刊号発売（翌年創刊）
リトルプレス『アルネ』創刊
原宿に「サンク」オープン
ちはる『love home』出版
2003　代官山に「アーツ&サイエンス」オープン
雑誌『リンカラン』創刊
雑誌『天然生活』別冊発売（翌年創刊）
平野由希子『「ル・クルーゼ」だから、おいしい料理』出版
2006　船橋に「イケア」オープン
映画『かもめ食堂』公開
もみじ市初開催
2009　やましたひでこ『新・片付け術「断捨離」』出版

におしゃれにした様子が紹介されたりしていた。

オリーブ読者の私たちが30代になった頃、ライフスタイル雑誌が次々に創刊され、一大暮らしブームに。80年代の雑貨ブームは好景気を背景に、消費に後押しされる部分が大きかったが、平成不況の中で起きた暮らしブームのマインドは、地に足をつけた日常生活そのものだ。洗いたてのリネンの気持ちよさ、だしをとったみそ汁があれば十分、好きな物が少しだけあればいい。そんな価値観が後々「丁寧な暮らしの呪縛」になった時期もあったが、2021年現在の私たちはおおむねその呪縛からも解放され、物の量の多い少ないにかかわらず、自分にとっての心地いい暮らしをつかみつつある。

人をうらやむ気持ちが
仕事の原動力

『リンネル』『大人のおしゃれ手帖』編集長

西山 千香子

1969年兵庫県生まれ。日本中央競馬会、編集プロダクションを経て、2000年に宝島社へ入社。パソコン、語学のほか幅広いジャンルの書籍・ムックを担当。ヒット作として教育学者の齋藤孝さん、スタイリストの内田彩仍さんの著書などを手がけた。2010年より『リンネル』の編集長に就任し、2014年より『大人のおしゃれ手帖』の編集長を兼任している。

失敗が気づかせてくれたこと

「私、不完全燃焼な気持ちのまま就職活動を終えているんですよね」と、当時のやるせなさを懐かしむように、西山千香子さんは編集者になるまでの道のりを話してくれた。20代、30代の人生の節目でさまざまな〝失敗〟を経験してきたために、今も自分の仕事に手放しでOKは出せないという。

たとえば、大学受験では憧れていた学部に入れなかったこと。就職活動では、学生時代から編集者になりたいと思いながらも出版社の最終面接で落ちてしまったこと。それでも縁あって転職をし、編集プロダクションで編集職に就いた。しかし、そこでもはじめて一冊を任された仕事で「このままでは本が出せなくなる」というピンチを招いてしまう。

忘れもしない。海外生活のガイドブックをつくる仕事だった。現地のライター3人に取材と原稿を依頼したが、全員を怒らせて「原稿を引き上げる」と宣言される事態に。はじめての大仕事で失敗しないように、できない人に見られないように、と力みすぎた振る舞いが、居丈高に受けとられたようだった。なかなか関係を修復できず、結局は上司がねばり強く交渉し収めてくれた。

「自分なりにはがんばっていたつもりだったので、相当落ち込みました。でも、上司がライターさんたちに送ってくれた謝罪のファックスをたまたま目にしたら、『西山には期待しているからどうか見守ってほしい』と、思いも寄らない言葉が書き添えてあったんです。その評価に応えなくちゃいけないと思ったし、安易に人を持ち上げるタイプの上司ではなかったから、彼女がそういってくれるのならば、こんな私でもまだやれるかもしれないと立ち直れた。この時に、自分が持っていない強さを表現するのはやめよう、自分を大きく見せることは絶対にしない、そう心に決めたんです。仕事としては、上司が引き取ってライターさんたちとやりとりを続けたほうが確実に早いし、面倒がないはずなのに、もう一回私に最後までやらせてくれたこともすごく勉強になりました」

劣等感に向き合う日々

本づくりの実務を担う編集プロダクションの就業時間は、日付をまたぐことがざらにある。年収は転職前の半分以下にさがった。それでも編集の仕事ができることがうれし

トーベ・ヤンソン
仕事、愛、ムーミン

くて、会社に寝泊まりを繰り返しながら夢中で働いた。やりがいを感じる半面、西山さんのネックとなる感情が少しずつ積もっていく。

「その編プロは、個性的な人が集まっていておもしろかったんです。素晴らしい文章を書く人、漫画が描ける人、楽器がうまい人、むちゃくちゃデジタルに詳しいとか、ギャグが秀逸とか(笑)。みんな私と同じぐらいの年齢なのに、『自分はこれ』と秀でるものをすでに持っている。それぞれにダメなところもあるけれど、そのダメっぷりも愛おしくて。みんなの個性を尊敬し、憧れる一方で、私といえばすごくふつうの人だから、もんもんとしていたのでしょうね。27歳ぐらいの頃かなあ。ある日、後輩と雨のなか傘をさして歩いていた時に、急に劣等感がこみ上げて、涙が出たんです。『私って、なんてふつうでおもしろくないんだろう。みんなみたいにはなれない……』。そうこぼしたら後輩が、『大丈夫ですよ。西山さんは、総合力の人だから』といってくれて。しくしく雨のなか泣いている先輩を前に、そういうしかなかったんだと思いますが(笑)、その言葉にすごく救われました。ああ、私、ここにいてもいいんだと。たしかに、際立つ特技はないけれど、個性的な人たちのしていることがおおむね理解できるし、仕事が多岐にわたってもそう苦ではない。今もってその言葉をよりどころにしています」

転職し、次々と企画を形に

自分を大きく見せない。総合力でがんばる。編プロ時代に腑に落ちたふたつの指針を携えながら、「編集者の端くれにギリギリでも引っかかっていたくて」、ひたすら働いてスキルを身につけた。

編プロを辞めたあとはフリーランスの編集者となり、誘われて宝島社に常駐する業務委託のスタッフになった。その流れで採用試験を受け、正社員になったのが30歳のこと。パソコン、語学、韓国ドラマと、ジャンルを問わず読者が手に取ってくれる本づくりを目指し、いくつかヒットも出せるようになった。

現在につながるライフスタイルのジャンルを手がけたのは、36歳の頃だ。

「機が熟したというのでしょうか。私自身、編集者としてのテーマを『暮らし』に置きたい、という気持ちが明確にできていましたし、暮らしの記事を読みたい、知りたいという人が世の中に増えているのを感じました。ちょうどこのテーマを共有し合えるスタッフとの出会いにも恵まれ、仕事として成立すると思いました」

『心地いい暮らし』『暮らし日和』のタイトルで季刊誌を制作するなかで、日々を丁寧に

20代は、編集に携われている喜びがあって、仕事を覚えたい一心。
30代は、身につけたスキルで売れる本をつくりたくて、夢中で企画を考えた。

地球の暮らし方
3
GIO GLOBE RESIDENT
NEWYORK
'97~'98版
ニューヨーク
Rockefeller Center
NEWS STAND
暮らすビザから働くビザまで
仕事の探し方から面接まで
部屋の探し方から契約まで
いまNYに住む先輩たちが書き下ろした
安全・快適な暮らし方本格マニュアル
地球の歩き方編集室 編
手しおにかけた私の料理
つたえる母の味
普通の住宅、普通の別荘

暮らし、ナチュラルなおしゃれをたのしむ、あるスタイリストと出会う。暮らしにおいて何を選び、何にこだわるか。その先にどんな喜びがあるのか。西山さんはそのスタイリストをはじめとする、さまざまな取材対象の価値観に憧れを抱き、ナチュラル系ファッション&ライフスタイル誌『リンネル』を企画する。まずは季刊誌ではじまり、会社からの提案によって月刊化した際、編集長に就任。4年後には50代をターゲットにした『大人のおしゃれ手帖』を創刊し、2誌の編集長を兼務することになった。

編集長の仕事は、雑誌の方向性やクオリティの舵取りをするとともに、スタッフをマネジメントし、広告収入やコストの管理をして収益を出すための運営を担う。

「ちまたでは『雑誌は編集長のもの』なんていわれたりもしますけれど、私はまったくそういうスタイルではないです。そもそもカリスマ性とは無縁ですし、できる限り個人個人のアイデアや愛情を、ページに注げるようにしたいんです。雑誌をつくるスタッフはほとんどが、この仕事を好きでやっています。その時々の微妙な気分の変化、空気感のようなものを、それぞれがキャッチして企画を立てるほうがいいと思っています。編集長の私がするのは、枠組みをつくること。月ごとの大きなテーマを決めたり、あとは予算と時間の管理をしたり。今月は広告の数が多くて紙代が使えるからページ数を増やそうとか、外枠だけを細かく設定して、あとはそこからはみ出ない範囲で自由にしてもらいます。そういう〝風通しのよさ〟みたいなことは大切にしているかな」

サード・プレイスがあるから、自分が保てる

40代に入る頃まで結婚のイメージは持てなかったけれど、縁があって43歳で家庭を持った。そのことにより、会社とはまったく関係のない場所に新しい人間関係が生まれる。夫婦でたまたま入った近所の居酒屋で、常連や店主と仲良くなり、互いの家を行き来したり、毎年旅行に出かけたりするようになった。かれこれ8年の付き合いだ。

「年齢も仕事もまるでバラバラで、私がどんな仕事をしているとか、たいして興味がない人たちなんです(笑)。自分とは違う環境にいる人たちと話すのは、すごくおもしろいです。そのなかの若い夫婦に子どもが生まれてからは、親戚のようにひたすらかわいがっていて、疑似子育てをさせてもらっています」

仕事のスイッチをオンにしている時間が長ければ長いほど、仕事モードの自分が本当の人格かのように周囲からは見られていく。本来の自分はそんなにしっかりしてないし、

SHARP

大雑把だし、小心者だし、喜怒哀楽だってある。

西山さんは、行きつけのお店でサード・プレイスを持てたことで、素のままでいられる時間を過ごせるようになった。

「仕事上の〝いい人〟でいなくてもいい。そういうみんなとの関係にすごく助けられているおかげで、自分が保たれていると思います。夫婦ゲンカをした時にひとりで居酒屋に駆け込んだこともありますし、大笑いしたり、泣いてみたり、家が近いから安心して居眠りしたりもするんですよ。別に会社の人たちだって、そこまで私を厳しい目で見ているわけではないけれど、立場的に責任が増えていくなかで、私自身が自分を律してしまう部分があります。ちゃんとしていなければ、数字をとれる人でいなければと気を張っている部分があるから、そこから解放される時間、ポンッと忘れていられる時間を持てるのがありがたいです」

仕事とは別のたのしみといえば、西山さんはかつて乗馬に打ち込んでいた。30代の頃、社内にできたばかりの乗馬部に参加し、「エンデュランス」という馬術競技を10年ほど続けていたそうだ。日本代表として、世界大会に出場した経歴も持つ。

「自然のなかで、馬に乗って長距離を走る競技です。緑豊かな山や湖畔や、時に離島にも出かけていました。ふだんは都会に出て夜遅くまで働く生活だから、乗馬の時にガラリと環境が変わることで、非日常の時間が持てたのがすごくよかった。馬との付き合いに学ぶことも多かったです。馬は言葉が通じないけれど、トレーニングの段階から意思を疎通させていかないと、100キロ以上の長距離をともに走るのは難しい。様子を見ながら対応を考えて、ダメならまた想像して対応を変えてみる。繰り返し、繰り返し、時間をかけて積み重ねていくしかない。やみくもに怒っても通じないし、馬の年齢や個性やスキルによっても変わってくる。忍耐力がいるんです。自分の意図をどう伝えるか、ガマン強く考えていました。相手を活かすような心づもりを身につけたことは、仕事のうえでのコミュニケーションにも活かされた気がします」

家のことをチマチマやるのが好き

本当は今でも馬には乗りたいが、2誌の編集長になってからはケガのリスクを避けるためもあって、遠ざかっている。

以来、休日はまとめて家事をしながら過ごすことが多くなった。特別な予定がなけれ

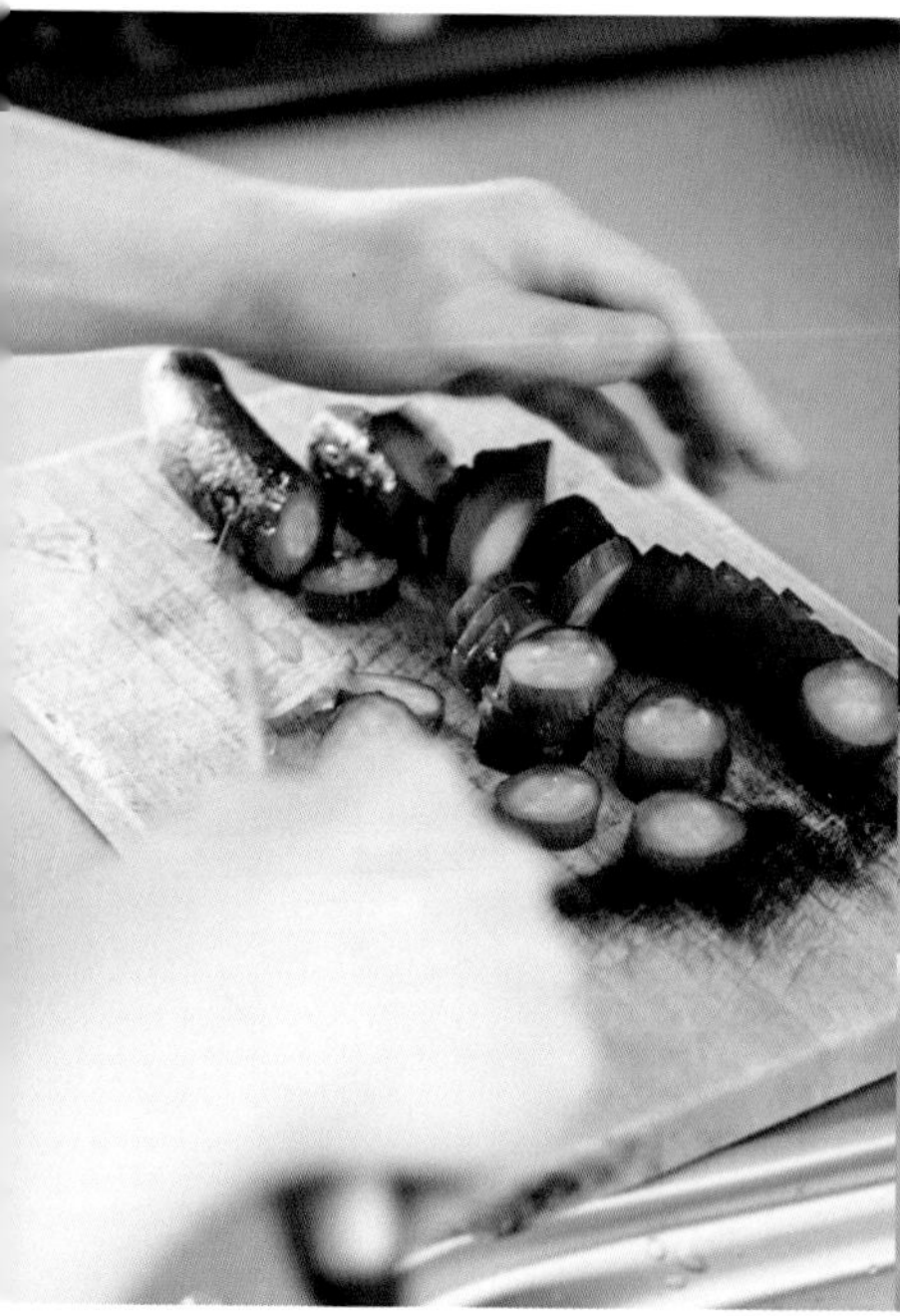

料理は時間があったらしたいこと。
料理の本を見ているのも好きだし、買い出しに行くのもたのしい。

ば、隣駅の商店街まで買い出しに行き、平日のためにつくり置きをする。西山さんちの夕飯事情はシンプルな2択で、つくり置きがあればそれを食べるか、ない日には馴染みの居酒屋へ行くのがお決まり。

「つくり置きをする時は、テレビを見たり、音楽を聴いたりしながらタラタラと3〜4時間ぐらいキッチンにいます。買い出しするのもたのしいし、安くて新鮮な食材を見つけたら小躍りして喜んじゃう。小中学生の頃、家庭科が大好きだったんですよ。専業主婦の母と一緒に、家でよくお菓子づくりもしていました。クッキーとかマドレーヌとか。母のことが大好きだから、母と一緒に家のことをチマチマやるのがうれしかったんです。刺繍や編み物も基本的なことはひと通り。当時流行っていたフェルト人形づくりも好きでした。うちの母は家でずっとひとりでいられる人。一方で父はバリバリの仕事人。私は本当にふたりの子どもだなってぐらいに、どちらもわかるんです」

3年前、広いベランダのあるマンションに住みはじめてから、家にいる時間をより愛するように。目の前に桜並木があり、春になると満開の花を咲かせる様子が一望できる。1年のうちに数日間しか見られないその眺めに惹かれ、選んだ住まいだ。常連仲間がよく遊びにくるそうで、ベランダには子どもたちがきたとき用に、小さなサンダルが置いてある。キッチンのオープン棚には旅先などで買い集めた器が積み重なっていた。

「人がきたとき、ひとりで料理の準備をするのはたいへんだから、みんなにもお皿や調味料の位置を覚えてもらっています」と西山さん。

棚の上にあるソーダメーカーはその友人たちからのプレゼント。並びの容器には、ぬか床やしょうゆ麹がセットされている。発酵料理はもともと好きだが、コロナ禍になり、免疫力アップのために「腸活」しようと仕込んでいるという。健康には少しずつ気を遣いはじめていて、数年前から午前様になるような飲み方は控えるようになった。最近は、腰痛をきっかけにストレッチもはじめた。

「目標なくストレッチをするのもおもしろくないから、開脚を目指しているんです。私は子どもの頃から体が硬いし、1年や2年で開脚ができるとは思ってないんですけど、仮に10年続けて60歳になった時、人生ではじめて開脚ができたら、きっとおもしろいじゃないですか。今までになったことのない自分になれたら希望が持てるなあと思って、180度の開脚のためのメニューを毎日10分、やっています」

10年続けてみるつもりで、毎日10分のストレッチをはじめた。
時間をかければ硬い体も変わるかもしれないから。

50代になっても、自分の性格は変わらない

「続ける」は西山さんにとってひとつのキーワードだ。続けることは、時間をかけること。それによって得られるものもあるのだと、仕事を通してつかんできた。

「何かが一気に叶ったようなことは一度もないし、自分に力があったからこうなったとは、ちっとも思えないんです。編集者としても管理職としても、能力は人並み。編集長って傍目には華やかに見えるかもしれないけれど、実際は数字を追いかけるシビアな仕事です。リンネルは10年、おしゃれ手帖は6年以上、毎月、毎月、出していれば、売れる時も売れない時もある。そんな不確定なことをずっと続けているわけなので、何かを達成した気持ちにはなれないんです。ただ、仕事をすること、考えることにはすごく時間をかけてきました。ちょっとずつでも学び続けて、できることが少しずつ増えていった。仕事に対する自信はないけれど、がんばっている自分のことは認めているかな」

さまざまな人生の先輩と仕事をする時に、「歳を重ねるとともに人と自分を比べなくなった、ラクになった」という話をよく聞いてきた。自分も50代に入ったらその境地になれるのかと思いきや、ぜんぜん解き放たれる様子がないと西山さんはいう。

「私には、人をうらやむ気持ちがつねにあります。もともとがふつうの人間だから、取材対象となる人のセンスや人間性、器の大きさに憧れて、つい自分と比較してしまう。若い頃は憧れるのがおもに年上の人だったから、『がんばればいつかそうなれる』と自分をなぐさめられたけれど、今はなかなかそうもいかない。逆にこの歳になったら、若い人たちの新しい感覚やスピーディな動きがうらやましくなって。そうなるともう、自分のこの性格はいつまでも変わらないんだろうなあと、あきらめがついてきました（笑）」

つき合うしかない。歳のおかげか、そう思えるようになった時、「うらやましい」の感情が編集の仕事を続けるうえでの原動力になっていると気づいた。人に憧れる気持ちがあるからこそ、その人のすごさを伝えたくなって、誌面で紹介したり、著書をつくったりしてきたのだ。

「自分が受け止めた魅力を、どういうふうに発信したら世の中に届くのか。自分なりに考えながら形にしていくのが、編集の仕事のおもしろさです。逆にいえば、自分自身に完全な満足ができたら、何かを世に送り出したいと、思わなくなってしまうかもしれません。何かに対する原動力って、自分のなかから湧き出てくるもの。外側からどうこうすることはできないんです。『人をうらやむ』って、一般的にはネガティブな感情であっ

ても、仕事の糧になっているのであれば、このまま抱えていくしかない。苦しい時もありますけどね」

人生の決まったゴールは、もうない時代

自分の腕一本で何かを成し遂げる人に憧れながらも、そうはなれなかったし、そんな覚悟もない。けれども会社員として、夢を叶えられたとは思っている。

「高校生の頃から憧れていた、雑誌の編集者になることができたんだ……って、感慨深く思った日がありました。会社員のいいところは、自分ひとりではできない規模の仕事ができることです。うちの会社は、大きな失敗をしてもまた次のチャレンジをさせてくれます。編集長になって、仕事のバリエーションが増えていくにつれて現場に出られなくなり、こんなはずじゃなかったと思わなくもない(笑)。でも、これだけ長く仕事をしていると、全体を見て調整する役割が必要なこともよくわかります」

今後の課題は、できるだけ長く雑誌を持続すること。リンネルに続いて大人のおしゃれ手帖を創刊した時、編集部員が増え、関わるスタッフも増えたのは、思いがけずうれ

しい実りだった。新しい仕事をつくり出せたことに、得もいわれぬ喜びがあった。最近では若いスタッフと関わる機会も多くなり、「みんなが力をつけるまでは仕事に打ち込める環境を維持していきたい」と考えるように。

「この先の10年は、自分が与えられたチャンスを下の世代につなげていくために時間を使うのかもしれません。自分が会社を定年退職したあとのことは、不安に思う時もあれば、おもしろいなって思う時もあります。揺れ動いています。ただ、今はもう世の中が大きな変化のなかにあって、どのみち先のことなんてまるっきり想像がつかなくなった。だからいい意味で、先のことを考えなくてもよくなったと捉えています。人生100年時代といわれて、決まったゴールがもうなくなったんだから、誰にもわかりようがない。それを不安に思ったり、何ができるかなとわくわくしたり、交互にやってくる気持ちを受け止めていくのがこれからの私たちなのでしょうね」

日々の時間割り

6:30
起床
朝食
植物の水やり
入浴
ストレッチ

9:00
家を出る

10:00
出勤

20:00
退勤

21:00
帰宅
夕食の支度

21:30
夕食

24:00
就寝

50代までの足跡

10代　私服の高校に通い、おしゃれに目覚める
文化祭のパンフレット制作で編集のおもしろさを経験
アメリカに留学
ジャーナリストや雑誌づくりの仕事を夢見る

20代　大学卒業後、企業へ就職し管理部門に配属
休日に編集の学校に通う
編集プロダクションに転職
フリーランスの編集者に
宝島社で業務委託の仕事に就く

30代　宝島社の採用試験を受け、正社員に。ネットワーク局に配属
乗馬の競技をはじめる。やがて日本代表に
担当書籍『日本語ドリル』（齋藤孝著）がヒット
ライフスタイルのムックを手がける

40代　『リンネル』創刊、編集長に
結婚
『大人のおしゃれ手帖』創刊、2誌の編集長となる

おわりに　――あるものを使って生きる――

　フリーライターの私がようやく自分の仕事をつかみはじめたのは、30代の終わりから40代にかけてのこと。細々とでも生涯現役でいられたら……と淡い期待にすがるなか、世間では人生100年時代といわれるように。さすがにその長さでは、今のスキルの延長だけで働き続けることはできないだろうと将来が不安になった。

「ここで一回、サイコロを振り直さねば！」と、危機感を持った私はライターを休み、違う仕事をしてみることにした。これまで20年間、同じ業界で同じ仕事を続けてきた自分がほかの場所で通用するかどうか、試したくなったのだ。

　そうして46歳からのおよそ1年8カ月間、フリーライターをほぼ休業し、何度か面接に落ちながらも派遣の仕事に就いた。ベンチャー企業で社内報制作、クレジットカードのコールセンター、隔月誌の編集とそれぞれ短期間で働いたが、仕事以前の、たとえばPCのネットワークシステムについていく、休憩時間の暗黙のルールを読み取っていくなど、コミュニティのなかで当たり前に動いていることを把握するだけでもひと山あるのだった。新しいことを覚えたり、知らないことを人に聞いたりするのにはけっこうな気力がいるし、「ふつうはこうだ」と思い込んできたパターンからいったん離れないと受け取り力が鈍化する。おかげで凝り固まった私の頭をほぐすいいトレーニングになった。ふたまわり近く年下の人たちと働くのも新鮮な刺激だった。

終身雇用の制度に陰りが見え、これからはパラレルキャリアの時代といわれている。もともと女性の正規雇用の割合は少ないが、社会全体が働き方の多様性をプラスに捉えはじめたことで、仕事の機会を得やすくなったかもしれない。40代、50代は仕事や家庭においてたくさんの経験を積みながら、自分を見直す時間も持てるようなタイミングだし、体力もまだ残っている。歩いてきた点と点を結びながら「自分ができること」に向き合ってみると、「あるものを使う」という新しい道が開ける。目立つ大通りではないかもしれないが、名も無き路地を歩くのは今だからこそ味わえるたのしみだともいえそうだ。この本の最後に、私の友人の例を紹介したい。

1967年生まれの宮城景花《けいか》さんは、大学を卒業してから50代に至るまで、2児の子育てをしながらNPO法人、大使館、イベント会社、人材系企業など10カ所以上の職場を経験。新卒で入った一社以外は契約社員、派遣、業務委託といった非正規雇用で、その間に取得した二級建築士やキャリアコンサルタントの資格を活かすこともなかった。

キャリアコンサルタントは、雇用保険の給付金制度を使ってチャレンジしたものだったが、2次試験に何度も落ち、5回目でギリギリ受かったという経緯があったため「向いてないから仕事にはできないかも」と早々に見切りをつけていた。

いつも心のどこかで、ひとつのことを掘り下げられない自分にモヤモヤしていた宮城さんは、50代になってから自分が「マルチ・ポテンシャライト」だと気づく。「やりたいことが次々出てきて探求したくなる人」のことをいい、自分が悩み続けてきたように、物事が続かないその性質に悩む人がたくさんいるとも知った。「ならば気持ちのわかる私が、キャリア相談にのってみよう」と、派遣で働くかたわらマルチ・ポテンシャライト向けのワークショップや、個人セッションを開催するように。取得から12年間も使わずにいたキャリアコンサルタントの資格が、自分の特性と掛け合わせて使うことで、納得感のある活動に結びついた。その後、コロナ禍により派遣先から当日解雇の不当な扱いを受けたことをきっかけに、個人事業主になろうと決心。オンラインによるカウンセリング、講座開催、サロンの運営などの仕事にシフトチェンジした。そういったプログラムは一度組み立てると、次々に応用を利かせることができるのだという。最近ではマルチ・ポテンシャライトとは関連しない講座も企画しているほか、自治体や協会からの依頼も入るようになった。ちょうど今年から下の子も社会人になり、経済的な親の務めが終わったところ。これからはもっと自由に働き、暮らし方も含めて自分の好きなことで人生を埋め尽くそうと飛びまわっているようだ。

もうひとりの友人、1970年生まれの桑田由美子さんは、子どもの頃からおしゃれをすること、手づくりをすることが大好き。高校卒業後、美容専門学校へ進んだのは、「将来、もしも娘が生まれたら、七五三や成人式の装いを自分でやりたいから」という、一風変わった理由のためだった。美容師と着付けの資格を取ったものの美容の仕事に就くことはなく、結婚後はひとり娘に恵まれて実家の自営業の手伝いをしたり、葬儀社で働いたりしながら、子育てと家庭を大切にする暮らしを送っていた。

人生にはさまざまな転機がある。桑田さんは40代の頃に癌を患い、余命宣告を受けたことで、「人の転機に寄り添いたい、人を笑顔にするお手伝いがしたい」と思うように。もともと行事を祝うことが大好きだった桑田さんは、ふだんから家族や友人の記念日などにはサプライズ演出で相手を喜ばせていたし、娘の成人式の際には念願通り、着付けからヘアメイク、撮影までも自分で手がけている。そんな桑田さんの得意なことをすべて活かせて、人の転機に寄り添える仕事が、フリーランスの出張カメラマンだった。依頼者の自宅や指定の会場まで出向き、新生児の誕生やお宮参り、成人式、卒業式などの記念撮影をする仕事である。40代の終わりに、職業経験もないまま、桑田さんはカメラマンデビューした。マンツーマンの講座を受けて写真撮影を学び、プロと依頼者をつなぐ見積もりサイトに登録すると、着付けから撮影までトータルで担当するサービス内容が目を引き、仕事が入るようになった。当初は数をこなすことを第一の目標とし、低価格で設定したという。やがて手づくりの演出のおもしろさ、心のこもった仕事ぶりが口コミの高評価を集め、順調に依頼が入るようになった。出張カメラマンの仕事に依頼者が求めるものは、撮影の腕前だけではない。依頼者の転機をわがことのように大切に扱ってくれる人に頼みたいと思うのだろう。それは人生経験を活かしてこそできることだ。闘病しながら最期まで写真を撮り続けていた桑田さんは、50歳で旅立った。彼女がいつもいっていた言葉、「がんばれるのは、幸せなこと」が私のお守りになっている。

自分のなかにあるものが何で、どんなふうに使えるのかは、すぐに思いつかないかもしれない。けれどもそれを考えるのはとてもたのしいことだ。仕事じゃなくても、趣味やボランティアでも「一回、違うことをしてみる」と、循環をうながしたり、思考の柔軟性を高めたりすることにつながる。たとえつまらなかったとしても、それが新たな物差しになる。「久しぶりにやってみる」ことのなかにも発見があるだろう。私は最近、手書きの日記を復活させているが、そんなささやかなことでもおもしろく感じている。

派遣で働いていた頃、このまま違う仕事がしてみたいと思った時期もあったが、フリーライターに代わるような本業は見つからなかった。しかし、ライターに復帰後、たまたま募集を目にしたＮＰＯ法人の仕事を業務委託で請け負うように。月に10～20時間程度、保護者支援をする仕事だ。リモートの業務フローについていくのに派遣で働いた経験が役に立ったし、仕事の内容自体には40代で勉強していた心理学の基礎知識や、子育て経験、ライターでの聞く経験が使えていると思う。これから先も、やりたいことを組み合わせていけば可能性は広がるのだなあという明るいイメージを今は描いている。

この本で取材した人たちは、みな自分の仕事を築いている人たちばかり。それでも、これまでの道のりのなかには、自問自答の時期や覚悟をする瞬間があった。

自分が生きられるのは、自分の人生だけ。あるものを大切にしながら、心豊かに人生後半の坂道をくだっていきたい。

石川理恵

取材・文

石川理恵

ライター・編集者

1970年東京都生まれ。雑誌や書籍でインテリア、子育て、家庭菜園などライフスタイルにまつわる記事、インタビューを手がける。著書に『身軽に暮らす』(技術評論社)、『リトルプレスをつくる』(グラフィック社)など。人の気持ちが最大の関心事。生まれつき障害のあった三男が他界したことをきっかけに、通信制の大学で心理学を学んだ。現在、心の本屋をオープンするべく準備中。

http://hiyocomame.jp

ブックデザイン　峯崎ノリテル、正能幸介（(STUDIO))
写　真　原田教正
P　D　小川泰由（凸版印刷）
校　正　西進社
編　集　茶木奈津子（PHPエディターズ・グループ）

自分に還《かえ》る
50代の暮らしと仕事

2021年7月13日　第1版第1刷発行

著　者　石川理恵
発行者　岡修平
発行所　株式会社PHPエディターズ・グループ
〒135-0061　江東区豊洲5-6-52
☎03-6204-2931
http://www.peg.co.jp/
発売元　株式会社PHP研究所
東京本部　〒135-8137　江東区豊洲5-6-52
普及部　☎03-3520-9630
京都本部　〒601-8411　京都市南区西九条北ノ内町11
PHP INTERFACE　https://www.php.co.jp/
印刷・製本所　凸版印刷株式会社

ISBN978-4-569-84951-5